JN105613

65歳からのエベレスト街道トレッキング

柳谷杞一郎

カラタパール、ゴーキョリ、チュクンリ、
5000メートル超えの三山踏破に挑む。
登山初級者のわくわく、よれよれ日記

雷鳥社

はじめに

はじめて山らしい山に登ったのは、還暦を過ぎてからである。始めてみたら楽しくて乗鞍岳（のりくらだけ）、木曽駒ケ岳、八甲田山、八幡平（はちまんたい）、岩木山、栗駒山、日光白根山、赤城山、筑波山と、次から次に山に登ってみた。狭いところに寝るのが嫌で山小屋泊は敬遠していたが、一生に一度くらいは登っておきたいと富士山にも挑戦した。その前に山小屋泊の練習と思い、丹沢にも出かけた。鍋割山（なべわりやま）からの長い下り階段がとんでもなく辛かった。

そこからコロナ禍に突入する。残念なことに山に登らなくなっていく。そろそろ山に出かけることが許されそうな雰囲気になってきた２０２２年の春、ある出会いがあってエベレスト街道トレッキングにチャレンジすることになった。

本書は、登山を始めて実質2年ほどの登山初級者の僕が、エベレスト街道の5000メートル超えの三山に挑戦した記録である。楽しくもあったし、苦しくもあった。だから「わくわく、よれよれ日記」なのである。この本を手にとってくれた人はもちろん山好きで、一度はエベレスト街道トレッキングにチャレンジしたいなと思っている人だと思う。

もし行きたいと思っているのなら、思い切って行った方がいい。ヒマラヤの山々は、想像以上に魅力的であることを約束する。普通の生活をしていただけでは得難い、素晴らしいなにかを手に入れられるはずである。

プロのアルピニストたちが人間としての可能性を押し広げる意欲的な試みとして未踏ルートの登頂を目指すなら、まったくの素人、65歳の僕は、自分自身の可能性を試すためにエベレスト街道トレッキング、5000メートル超え三山の登頂を目指したのだ。

僕の短い山登り人生も、このトレッキング経験でひと皮むけた気がする。

本書は、基本的には僕個人の旅日記のスタイルをとっているが、ネパールの山登りサポートのスペシャリスト、ワンダーズアドベンチャーの代表である中山岳史さんの協力をいただき、随所にエベレスト街道トレッキングに役立つ様々な情報を散りばめておいた。本書が、いつかエベレスト街道トレッキングに挑戦したいと思っている、山を愛する多くの人たちの一助となれば幸いである。

もちろん、行く気がない人にとっても楽しい本になるよう心がけたつもりだ。本書が、多くの山好きの人たちの手に届きますように……。

柳谷杞一郎

夕陽に白く輝くタムセルク（DAY3）

ナムチェバザールの町からコンデリを望む（DAY4）

朝焼けのローツェ。左手にエベレストの山頂が顔をのぞかせている（DAY8）

峠を越えると突然、エベレストとローツェが見えてくる。右手はアマダブラム（DAY5）

正面がタウツェ、右手にアラカンツェ。双子のように見える（DAY11）

カラタパールから望む。正面の白く尖った山がヌプツェ、奥の黒く見える山がエベレスト（DAY12）

ドゥドゥポカリ湖。正面の山はパリラプチェ（DAY13）

ゴーキョリ山頂からパリラプチェを望む（DAY15）

※標高は各種資料から信憑性の高いものを記載しています。

CONTENTS

NEPAL MAP

ネパール

ネパール

北は中国、南と東西はインドに囲まれている。かつて群雄割拠していた小さな王国を、カトマンズに首都をおくゴルカ王国が統一してネパールは誕生する。南北約200キロ、東西約700キロ、面積14万7000平方キロメートルは北海道の２倍よりやや小さい。標高70メートルの亜熱帯のジャングルから世界の屋根ヒマラヤ（世界にある8000メートル峰14座のうち、８座を有する）まで変化にとんだ国土に、言語・習慣の違う30以上の民族が暮らす。山岳部ではチベット仏教の信者が多いが、国民の８割以上はヒンズー教の信者。

主要トレッキングルートはエベレスト（カトマンズの東に位置する。ルクラ、ナムチェバザールが起点）、アンナプルナ（ネパール中央部に位置するポカラが起点）、ランタン（カトマンズの北30キロほどに位置する）の３ルート。いずれのルートもトレッキングするためにはトレッキング許可証（TIMS）を取得しなければならない。また、国立公園・自然保護区への入場料も必要である。

EVEREST HIGHWAY

エベレスト街道

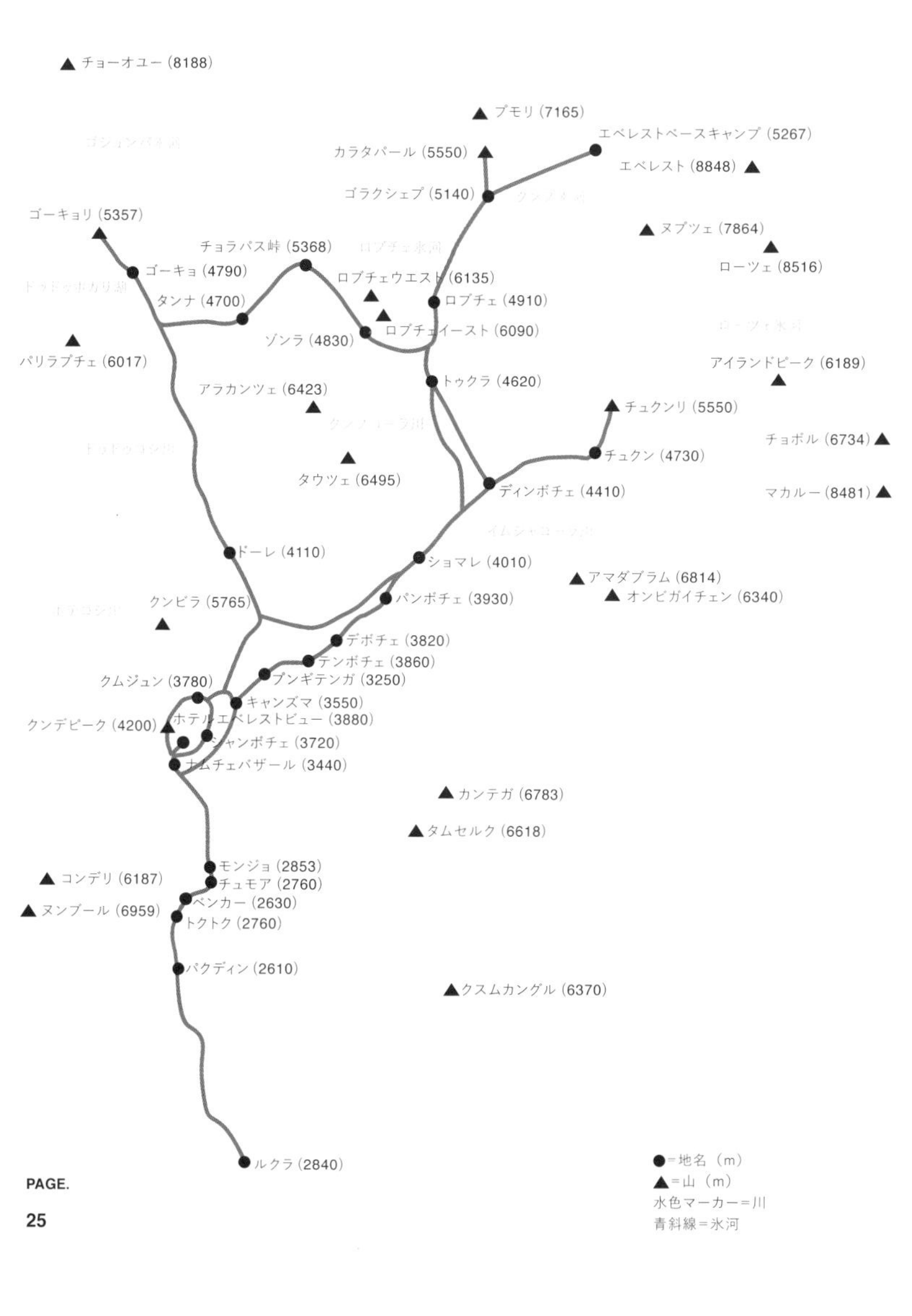

6 MONTHS BEFORE
プロローグ

還暦を迎えるまでは、それこそ馬車馬のように働いてきた。自営業だったので、土曜日も日曜日もなかった。157日間連勤というようなとんでもない日々も経験した。夜23時前に家に帰れることも稀だったといっていい。それでも編集者&カメラマンとしての仕事は、どこか仕事のようで仕事でない部分がある。扱う題材が次から次に変化していく仕事は、飽き性の僕にはぴったりの仕事だったのかもしれない。辛いことがなかったといえば嘘になるけれど、おおむね楽しく仕事をしてきたつもりだ。趣味といえば、ときどき時間ができたときに楽しむヘタなテニスくらい。

そんなわけで、還暦を前に考えた。これまで一生懸命に働いてきたのだから、少し早めにリタイアして好きなことを思いっきり楽しもう、と。編集者&カメラマンという職業だったおかげで、普通の会社勤めの人よりは、変わった場所を旅してきたと思う。それでも日本中、世界中にまだまだ行きたい場所はいくらでもある。ついでに言えば、体験したいことも。

60歳を境に、すべての仕事に終止符を打つことはできなかったが、8割がたの仕事はこれまで僕を支えてくれてきたスタッフたちに譲り、セミリタイア状態を獲得した。それでまっさきに訪れたのが、尾瀬である。

僕は初夏を迎えると、小学校の音楽の時間に習った「夏の思い出」の歌詞が、時折頭の中に流れてくる世代なのである。「夏がくれば思い出す　はるかな尾瀬　遠い空」なのだ。ずっと一度は行ってみたいと思いつつ、還暦に至るまで実現できなかった訪問地である。現役で仕事を続けている嫁さんはついてくるはずもなく、一人でツアーバスに乗り込んだ。バスの中で添乗員が「この中で尾瀬がはじめての方?」と問いかけると、驚いたことに手を挙げたのは僕一人。同行客は口々に尾瀬の素晴らしさを僕に語ってくれる。なんだかすごく出遅れている、そんな人生を歩んできたのではないかと少し落ち込んだ。

尾瀬の木道歩きは、想像以上に楽しかった。日ごろのテニス三昧のおかげか、長い距離を歩くのはまったく苦にならない。「自由に歩いていいですよ」のガイドの言葉に、すっかり舞い上がり、人一倍のスピードで歩きまわり、尾瀬ヶ原をぐるりと一周、東電小屋まで行って帰ってきた。

これで、すっかり自然散策の魅力にはまってしまった。

すぐに乗鞍岳、木曽駒ケ岳の1泊2日のツアーに申し込む。手軽に3000メートル超えの山に登れるというキャッチフレーズに、惹かれたのだ。実際、乗鞍岳登山は、登山というよりハイキングに近い。このときもガイドが「下山は自由に」と言ってくれたので、すごいスピードで下山。まったく疲れない。

「オレ、山登りに向いているかも」と思い始めていた。そういえば、南米アンデスの高地（4500メートル超え）に取材で行ったときも、スタッフのほぼ全員が高山病に苦しむ中、僕一人がそこいらじゅうを歩き回っていたっけ。木曽駒ケ岳では大雨に降られたけれど、それでもウキウキしている自分がいた。このころは、ちゃんとしたザックも持っていないし、登山靴も履いていなかった。ザックの中も、靴の中もぐしょ濡れである。

30代前半まではゴルフも嗜む程度にはしていたのだが、なにせ自分との闘いというのに向いていない。スポーツクラブも1年分の会費を払ったにもかかわらず、入会日にたった1日行っただけで退会してしまった。器具を使った運動が嫌いなのはもちろんのこと、ただ泳いだり走ったりというのも楽しめないのである。15分で飽きてしまう。これが相手のゴールに球を投げ入れたり蹴りこんだりする水球やサッカーなら必死に泳ぐし走ることができる、という性格なのだ。つまりは相手がいて、勝ち負けがあるスポーツしか好きになれないと思っていた。ところが山歩きは断然楽しいのである。

基本的には山小屋での宿泊を避け、日帰り登山を繰り返すライトな登山愛好者となった。山小屋に泊まったのは2回だけ。一度くらいは登っておこうと意を決して出かけた富士山９合目の山小屋と、試しに山小屋泊を体験しようと丹沢の尊仏山荘に泊まったことがあるだけである。八甲田山、八幡平、岩木山、栗駒山などの登山では、麓の温泉宿かホテルに宿泊している。相変わらず楽しかった。

ところが、２０２０年の春からは、コロナの影響でほぼ山登りができなくなってしまった。再開したのは２０２２年の春である。手始めに、熊野古道小辺路（こへち）へ。高低差はそれほどないけれど、１日20キロ近くを6日間歩き続けるという結構タフなツアー。続いて参加したのが、佐渡島ドンデン高原フラワートレッキングなるツアー。実は、申し込んでいたアルプス中央分水嶺（ぶんすいれい）トレッキングというツアーが、催行人数に足らず中止。同じスケジュールで行けるツアーがこれしか見つからなかったのだ。

佐渡島は一度も行ったことがないしいいかもと思って参加したのだが、このツアー、金山（きんざん）の見学もたらい船の乗船体験もない。ひたすら山で花を愛でるツアーである。参加者はみなさん、やたら花に詳しい。いっこうに花の名前が覚えられない僕は、なんだか浮いた存在だった。

でも、このツアーで運命的な出会いがあったのだ。

そのツアーの添乗員だった中山岳史さんとの出会いである。この人、イケメンで超爽やか。感じのいい青年だなと最初から好印象だった。佐渡島島内の移動のタクシーでたまたま一緒になったので、いろいろ突っ込んで話をする時間ができた。もともと根っからの編集者なのである。すぐにインタビューを始めてしまうのだ。

中山さん、その日は大手旅行会社の添乗員として仕事をしていたが、メインの仕事はネパールで山登り、トレッキングをする人たちのサポート業務。旅行会社の経営者だったのだ。すでに、もう何度もエベレスト登山を目指す人たちを成功に導いているというではないか。ご自身もエベレスト登頂を果たしている。

そんなわけで、そのときの映像を見せてもらった。スマホの小さな画面で見たというのに、深い感動が伝わってくる。「山頂に到達するとみなさん、例外なく涙を流すんですよ」という言葉に心がふるえた。素直に僕も行きたいと思ってしまった。気がつけば、「僕にも行けますかね?」と問いかけていたのだ。

実は2020年3月、僕はエベレストの山々を直接自分の目で見たくなり、「空からヒマラヤに出会う」ツアー（コロナで海外旅行ができなくなる前の最終時期のツアーである）に参加した。カトマンズに2泊、ゴルカに2泊、ポカラに2泊、ナガルコットに1泊。もちろん素晴らしい体験だったけれど、ツアーの目玉であるはずのネパールの山々の絶景を楽しむための遊覧飛行は、少々拍子抜けだった。山々が遠すぎるのである。もちろん、最初から飛行機がエベレストの山々をかすめるように飛ぶとは思っていない。それでも、想像していたよりずっとずっと遠い。正直がっかりしたのだ。

中山さん曰く、「ヒマラヤの山々は、山の目の前まで行って見上げなくちゃ、その本当の魅力はわかりません」。

そりゃあそうだよね。

「でも、65歳になる僕がエベレストに登るなんてこと、可能なんでしょうか」

当然の疑問である。

「山の経験が少なくても、それなりの体力があれば登れますよ。一つの目安は10キロを50分で走れれば余裕です。10キロを1時間で走れるなら、途中で何度もあきらめそうになるけど最終的には登れます。僕が山頂までお連れした方々も、60代以上の方が半数です。若い方はスケジュールがままならないし、経済力も必要ですからね」というのが中山さんからの答え。すっかりその気になってしまった。

「じゃあまず、今年の秋にエベレスト街道トレッキングに挑戦してみましょう。見上げるように眺めるエベレストの山々は最高ですよ」と中山さん。

「トレッキング？　それなら僕でも大丈夫かも。行きます、行きます！」僕は即答していた。僕は爽やかイケメンの青年社長にすっかり心を奪われてしまっていた。

２年以上海外旅行にも行けず、陸マイラーとしてマイレージを貯め続けていた僕は、まあまあのマイレージを持っている。ここは特典航空券を利用しない手はない。すぐにカトマンズ往復の特典航空券を手配する。近いうちに失効してしまうマイレージのことを考えると、なにがなんでもビジネスクラスの航空券にしたかったので、とにかくビジネスクラスがとれるスケジュールを優先した。おかげで、帰りの便はシンガポール空港で24時間待ちというヘンテコな旅程となった。というわけで、飛行機の便が先に決まり、それに合わせてトレッキングの日程を中山さんにアレンジしてもらうことになったのだ。

２０２２年10月31日出発、11月25日帰国、25泊26日の長期日程である。当初は僕一人にガイドとポーターが1人ずつ計2人が同行するという、なんとも贅沢なプライベートトレッキングの予定だったのだが、さすが爽やかイケメン社長。僕のトレッキングスケジュールに合わせて、参加者を募集したところ8人の追加参加者が現れた。おかげで、ガイドとして日本から中山さんも同行することに。現地ガイドの3人にポーター5人、総勢18人の大所帯のツアーグループとなった。

寂しがり屋の僕にとっては嬉しい変更である。ネパール人のガイドたちは、気のいい人たちばかりで日本語も堪能。それでも2人きりで3週間以上を山の中で過ごすのは、結構息が詰まりそうではないか。プライベートトレッキングは、ツアートレッキングとして実行されることになったのである。

Column / Best Season

エベレスト街道トレッキングのベストシーズンについて

ネパールの位置は北緯27度から30度。日本でいえば奄美大島あたりで、亜熱帯性気候である。標高のこと（カトマンズで標高1400メートルくらい）を考慮しなければ、かなり暖かい場所にあるといえる。大きな特徴は、雨季と乾季があることだろう。6月ごろから9月前半くらいまでが雨季、9月後半から5月ごろまでが乾季となる。

雨季には雨季の趣きがあるのだろうが、エベレストの美しい山々を愛でるのであれば、乾季、それも天気が安定し、しかも寒さもそれほど厳しくない3月から4月か、10月から11月に訪れるべきと中山さんからアドバイスをもらった。

僕の場合は、仕事の都合で10月後半までは長期休暇がとれない。マイルを使った特典航空券を確保できるか否かと仕事との兼ね合いで、10月31日から11月25日というスケジュールに決めた。

眺望のことだけを考えると、11月から2月がベストらしい。エベレスト山頂登山のベストシーズンは、モンスーンによる風の影響を受けにくい4月末から5月上旬ということになるのだが、4月から5月は雨に降られることもあるし、曇りも多くなる。6月以降になれば、山の眺望を楽しむことは望み薄というしかない。

結果からいえば、幸いなことに今回の旅行中、雨に降られたことは一度もなかっただけでなく、雲に隠れて遠方の山々の眺望がさえぎられることもほとんどなかったのである。中山さんのアドバイスと僕の選択は正解だったようだ。

ただし、昼間太陽が出ているうちは暑いくらいのエベレスト街道だが、夕方になって日が陰り始めると、急激に気温が下がる。夜間

は当然氷点下で、密閉性の低い山小屋の中では、ペットボトルの水が凍ってしまうほど。寒さを避けるなら10月の方がよかったのかもしれない。でも、少なくともこの年の10月は、11月ほどの快晴続きではなく、曇天の日も雨の日も結構あったとか。寒くても、雲一つない快晴がいい。まあ、それも運次第なんだろうけれど……。

5 MONTHS BEFORE

出発前の準備期間 6月

60歳でセミリタイアしてから、週3日程度はテニスコートに足を運んでいたので、まったく体力に自信がないということではない。かといって、これまでちゃんとした山登りをしてきたという自覚もない。山小屋を使っての登山は、60歳のときの富士山と丹沢の二度だけなのである。しかも、62歳のときにテニスで右膝を痛め、ずっと足をひきずって歩いているような状態である。そのため、運動のときは右膝のサポーターが手放せない。ちなみに、小学生のころの体育の成績は5段階評価で2か3。短距離走はクラスで2番目に遅い鈍足。スポーツが得意だともいいがたい。果たしてこんなレベルの僕が、5000メートル超えの山を三つも登ることは可能なのだろうか。

「トレッキング」という言葉に騙されているだけなのかもしれない。1か月近くもネパールの山奥にこもるというのに、結果が大惨敗になってしまっては悔やんでも悔やみきれない。

これは急いである程度の準備をしなくては、とけなげにも僕は考えた。山歩きのいろはを教えてくれる友達、仲間はいないのである。

さっそく、10月31日の出発前までに行けそうな旅行会社主催の山のツアーにいくつか申し込んだ。

6月は早朝の飛行機に乗って四国へ。高松空港からバスで3時間。登山口からリフトに乗って15分。そこから40分山道を登ったら、そこは西日本第2の高峰 剣山（標高1955メートル）山頂である。天気もよかったし、ここは楽勝。幼稚園のハイキングレベルかもしれない。剣山の山頂は名前とは裏腹のなだらかな草原地。全体的にのんびりとした雰囲気が漂う。

伊予西条のホテルに泊まって翌日は、西日本の最高峰 石鎚山登山である。登山口からロープウェイに乗って7分半。標高1300メートルの山頂成就駅から歩き始める。15分で成就社。昨日とは打って変わって、どんよりとした曇り空。それでも石鎚山山頂は見えている。しばらく下り、八丁の長い階段を登ったら、標高1592メートルの前者森。ここで鎖場体験。石鎚山の名物である。

夜明かし峠、一の鎖、二の鎖、三の鎖を経て、標高1974メートルの弥山（みせん）山頂に到着。三の鎖あたりから雨が降り始め、山頂ではかなり激しい雨。風も強くなってきた。実は、そこから15分ほど鎖場と痩せ尾根を辿った先に、石鎚山の最高標高1982メートルの天狗岳山頂があるのだが、このツアーでは行かないとのこと。弥山がゴールなのである。すぐ目の前に天狗岳は見えているというのに、なんとも残念！　ツアーのコース設定をちゃんと確認していない僕のチョンボである。

でもまあ、雨が降っても風が吹いても、山登りは爽快。僕はやっぱり山登りが好きであると再度自覚する。

その晩は倉敷のシーサイドホテルに泊まり、最終日は伯耆大山（ほうきだいせん）へ。このツアーは2泊3日で中四国の高峰三山に登るという欲張りツアーなのである。この日は大雨＋強風予報。朝起きたら予報通りの天候になっており、ツアーメンバーはがっかり。それでも最悪の結果である登頂断念という判断にはならず、標高８００メートルの登山口から山頂を目指す。階段状の登山道をひたすら登り続ける。雨はそれほど厳しいものにはならず、小雨の中、無事標高１７０９メートルの伯耆大山山頂に到達。添乗員もガイドも、同行メンバーも楽しい人たちで、最高の山行となった。

でも考えてみれば、この山行、標高はそれなりのところに登ってはいるものの、登る行為そのものは厳しいものではない。宿泊も山小屋ではなく、快適なホテル（まあ、こっちの方が好きなのだけれど）。これでは、トレーニングになっていないのかも、と少し不安になる。

4 MONTHS BEFORE

出発前の準備期間 7月

7月は1泊2日で四阿山（標高2354メートル）と雨飾山（標高1963メートル）に登る。四阿山登山口の標高は1590メートル。標高差764メートル。往復9キロほどの行程である。ここでも時折小雨に降られたが、山頂では青空も顔をのぞかせ、眺望は最高。雨飾山登山口の標高は1000メートルちょっと。標高差1000メートル弱、やはり往復9キロほどの行程である。途中、雪渓を渡ったり、岩肌をよじ登ったりする変化のある楽しいコース。尾根にたどり着くと爽やかな風が吹き抜けていく。山道は美しい花々であふれていた。

この山行も、下り坂で右膝が痛むという不安はあるものの体力的には問題ない。しかも、今回も泊まりは快適なホテルである。トレーニング感はうすい。

ともかく苦手意識のある山小屋体験をしなくてはいけないと思いつつ、次は2泊3日の鳥海山、月山の登山ツアーに参加。ちなみにこのツアーも宿泊はホテルである。日帰り登山で宿泊がホテルだと、心も身体も本当に楽ちんである。

雨飾山山頂を目指して岩山を登る

新幹線で移動。ツアー2日目が東北第2の高峰 鳥海山（標高２２３６メートル）へのチャレンジである。ここでも雨。雨にばかり降られているのだ。雨だけだったらよかったのだけれど、標高１７００メートルの御浜小屋を通り過ぎたあたりから、強風が吹き荒れ始める。前を進む小柄な女性が強風にあおられ、何度か転倒する。僕もしっかりと足を踏ん張っていないと、身体が大きく揺らぐ。ここでガイドは登頂断念を決断。御田ヶ原で引き返すことに。

山登りを始めて、はじめての山頂未踏破となった。ただ、強風に耐えるように咲き誇るこの山の花々も美しかった。

翌日は月山山頂（標高１９８４メートル）へ。この日も朝から雨が降っている。8合目の弥陀ヶ原からスタートなので、登山開始から3時間ほどで山頂に到達。月山神社を参拝。湯殿神社同様、霊験あらたかな気分にさせてもらえる場所である。山道には花々（ニッコウキスゲ、ハクサンボウフウなどの群生が見事）が咲き乱れ、風景も変化に富んでいて、楽しいコースだ。ところどころに雪も残っていて、人生初のアイゼンも体験した。こんなレベルの初心者がエベレスト挑戦なんて、おこがましいことこの上ないよな、と自分でも思う。

７月、３回目の山行は燕山荘に泊まって翌日燕岳山頂、大天井岳を経由して常念小屋に向かい、常念岳に登るという、北アルプスの王道パノラマコースだ。うーん、いよいよである。これこそ登山というコースではないか。なんといっても山小屋2連泊。なにしろはじめての経験なのである。僕が初心者中の初心者であることを強く自覚する。

初日は中坊温泉登山口（標高1450メートル）から合戦小屋を経て燕山荘（標高2704メートル）へ。ここは北アルプスの三大急登の一つらしく、ツアー参加者の一人が「もう無理」と言い出して途中で帰ってしまった。僕はそれほどでもないと感じていたので、ここのところの連続山登りが、それなりの体力をつけてくれたのかもしれない。合戦小屋のスイカのおいしかったこと。しかも、耳学問だけで知っていた燕山荘の素晴らしさも存分に堪能することができた。

翌日はかなり激しい雨。早朝3時起きで燕岳山頂（標高2763メートル）に向かう。前日の夕方には華麗な山容を見せていた燕岳がまったく姿を見せてくれない。視界が数十メートルほどしかないのである。山肌の砂地に健気に咲く可憐なコマクサの花だけが気持ちをなごませてくれる。山頂からの眺望はまったく望めない。

朝食後、7時に大天井岳を目指して出発。天気は次第に好転するも、北アルプスの大絶景はまったく姿を現さない。ただ、途中で何度か雷鳥と遭遇。この本を出してくれている出版社の社名の由来となった鳥である。雷鳥社という社名、そんなに好きではなかったが、本物の雷鳥を見ると、案外いい名前なのかもと思い始める。

大天井岳山頂（標高2922メートル）を経て、15時過ぎには常念小屋へ到着。

翌朝は3時起き、4時出発で常念岳山頂（標高2857メートル）へ。最初は曇っていた空もだんだんと晴れ渡り、山頂では富士山まで望める視界360度のパノラマビュー。槍ヶ岳をシンボルとする北アルプスの山々がこれでもかと、山の美しさ素晴らしさをアピールしてくる。これこそ、僕の望んでいた山の大絶景である。こんな風景に出会えるから山登りはやめられないのだ。

実はこの山登り、トレーニングの一環と思い、わざと普段よりザックの荷物を重くしてきた。15キロほどの重さである。本格的に山登りをしている人から見れば、鼻で笑われそうな重量だが、いつもは8キロほどのザックしか担いでいない僕からすれば倍の重さである。

エベレスト街道ではほとんどの荷物をポーターの人たちが担いでくれるということなので、こんなトレーニングに意味があるかどうかはわからない。それでも、普段より重い荷物を担いでの縦走、山小屋連泊の経験は大きな自信につながった。エベレスト街道へ、一歩前進である。

燕山荘近くでコマクサの群生と遭遇

常念岳山頂付近から望む槍ヶ岳を中心とした北アルプスの山々

3 MONTHS BEFORE

出発前の準備期間 8月

8月上旬の八ヶ岳連峰赤岳のツアーが催行人数に足らず流れてしまい、中旬に同じ八ヶ岳連峰の硫黄岳登山ツアーに参加。あずさ1号に乗って茅野駅、タクシーで桜平登山口。そこからボルシチランチが名物の夏沢鉱泉、オーレン小屋を経て山頂（標高2760メートル）へ。標高差約800メートル、歩行距離6キロほどの行程。ゆるやかな登りが続く歩きやすいコース。天気も最高。雲一つない快晴。硫黄岳の山頂から望める赤岳（標高2899メートル。八ヶ岳連邦最高峰。登れなくて残念だったけれど）、横岳の美しい山容も魅力的だ。

宿泊先の硫黄山荘は、シャワーやコンセント、ウォシュレットも完備。布団まである。山登り自体は楽しかったけれど、トレーニングとしては効果薄だったかもしれない。

下旬は大雪山に登るため北海道に。初日は旭川ラーメンに舌鼓を打ち、翌朝に備える。2日目、本来なら大雪山黒岳登山（歩行距離12キロ）の予定だったが、強風で層雲峡ロープウェイが運休。この日は、銀仙台からコマクサ平（標高1850メートル）までのショートコース（標高差400メートル、歩行距離5キロ）に変更。鳥海山に続き、強風による二度目の山頂制覇断念。ぽっかり空いた午後の時間は、旭川のシネコンで映画を観て過ごす。

3日目は朝から雨だったが風は弱まり、早朝に層雲峡ロープウェイで姿見平（すがたみだいら）へ。そこには強い風が吹いていた。雨の中、黙々と歩みを進めるが、風は強くなるばかり。9合目を過ぎたあたりから、強烈な風で身体が揺らぎ始める。推定風速は20メートル以上。時折、風速30メートル超えではないかと思われる突風が吹き、なにかを掴んでいないと身体ごと飛ばされそうになったりもした。

鳥海山のときよりも強い風だったが、ツアー参加者はたったの3人。この3人にガイドと添乗員がつく。合計5人の贅沢なパーティである。

通常なら中止すべきところだけれど、「みなさんが登りたいなら登りましょう」と、ガイドからの嬉しい言葉。もちろん、異論はない。全員登るのが速い。3人とも元気いっぱいで大雪山旭岳山頂（標高2291メートル）に到達。ただし視界ほぼゼロ、体感温度氷点下の中でガッツポーズ！

山頂からは登りと別のルート。間宮岳、中岳(なかだけ)、中岳温泉、裾合(すそあい)分岐を経て姿見平に戻る。山頂から1時間少しの間は荒れ狂う強風に翻弄され続け、それこそ死ぬ思いだった。その後は、天気が急激に回復。薄日もさしてきて状況は一変した。チングルマとリンドウの群生は、かつて見たことがないほどの美しさ。7月下旬の花が咲き乱れるころは、息を呑むほどの美しさに違いない。リンドウは今が盛り。こんなに色鮮やかなリンドウをこれだけのボリュームで堪能したのは人生初であった。

こういうときはツアーに参加していてよかったなあ、と思う。一人で登っていたら強風と寒さに負けて早々と投げ出していただろうし、視界がほとんどない状況では道に迷っていたに違いない。今のところ僕には一人で登山をする能力などないのだ。

それでも、この荒天での山登りで一肌剥けたような気がしないでもない。少々のことでは動じないふてぶてしさを獲得できたのである。

鮮やかな紫色が美しいリンドウと花が散った後のチングルマの群生

2 MONTHS BEFORE

出発前の準備期間 9月

9月上旬。エベレスト街道トレッキングへの出発まで2か月を切った。いよいよ追い込みである。目指すは南アルプス、日本で2番目の高峰 北岳山頂と3番目の高峰 間ノ岳（あいのだけ）山頂だ。

あずさ3号で甲府。そこからバスで広河原登山口。3時間ほど歩いて、無事南アルプスの白根御池小屋（標高2236メートル）に到着。晴れていたし、標高差750メートル、歩行距離3キロ弱の楽々コースであった。

翌日の天候は大雨。ザーザーと激しく降っている。朝4時出発で、まずは標高3010メートルの肩の小屋に向かう。3時間後、強い雨で雨合羽が用をなしておらず、肩の小屋に着いたときにはアンダーウエアまでぐっしょり。さすがの僕も、この雨にはうんざり。

ガイドから、「ここから北岳を経て、間ノ岳までの往復はさらに8時間を要する」と言われ、まずここでツアー参加者7人のうち3人がリタイア。この3人は北岳山頂のみを目指すことに目標変更。

間ノ岳までの往復を7時間に縮めたいガイドは、肩の小屋から北岳までの登りで明らかにスピードアップ。登り好きの僕も少々ばてるようなスピードである。ついて来られない1人が北岳山頂（標高3193メートル）でリタイアすることになった。

その遅れた1人を北岳山頂で長い時間待っていて休息が十分にとれたおかげか、残りの3人の足取りは順調そのもの。雨脚も弱まり、予定時間よりもかなり早く間ノ岳山頂（標高3190メートル）に到達。帰り道には標高3055メートルの中白根山山頂にも立ち寄る。

北岳山荘が改装中のため、この日の泊まりは肩の小屋。もう一度北岳山頂に登りなおさなければならない。体力的にも気持ち的にもここが一番しんどかった。1日に日本で2番目に高い山に2度も登るなんて、光栄ともいえるが、気分は盛り上がらない。

総歩行距離はわずかに12キロ、高低差もそれほどでもない。それでも肩の小屋に着いたころは疲労困憊。食事も普段ならおかわりするのに、茶碗一杯で終了。おまけに肩の小屋には乾燥室もない。疲れも濡れた衣服の湿気もとれない夜となった。エベレスト街道の道中でも、こんなことになるのかな、と少し不安な気持ちになる。

9月中旬は立山三山縦走に挑戦。初日は室堂平（むろどうだいら）（標高2450メートル）から、室堂山（標高2668メートル）、浄土山（標高2831メートル）、龍王岳（標高2872メートル）を経て、宿泊先の一の越（いちのこし）山荘へ。太陽の光にキラキラと輝く雄山が美しい。

翌日は7時出発で、立山連峰の主峰 雄山山頂（標高3003メートル）へ。雄山峰本社でありがたいお祓いを受ける。続いて、立山連峰の最高峰 大汝山（標高３０１５メートル）、富士ノ折立（標高２９９９メートル）、真砂岳（標高２８６１メートル）、別山南峰（標高２８７４メートル）、別山北峰（標高２８８０メートル）と次々に山頂を踏破。

　別山からの剱岳（標高２９９９メートル）の眺望がいい。剱岳はその佇まいに威厳があるというべきか、なんとも心惹かれる山である。別山からは剱岳だけでなく、富士山、南アルプス、北アルプス、白馬連峰がはっきりと確認できる。常念岳山頂からの大パノラマに匹敵する大絶景であった。剱御前（標高２７７７メートル）に向かう途中、登山道の真ん中で無心に砂浴びをする雷鳥親子も興味深かった。こんなに間近で長い時間、雷鳥を観察できたことに感動する。雷鳥社の社名をますます好きになった。

　３日目は、夕焼けも朝焼けも素敵だった剱御前小屋を６時半に出発。３時間ほどで大日三山の最高峰 奥大日岳山頂（標高２６０６メートル）に到達。その後、中大日岳山頂（標高２５００メートル）を経て、お昼過ぎに大日山荘に到着。少し休みをとってから立山連峰最後の山頂大日岳（標高２５０１メートル）に登頂。これで人生初の山小屋３連泊目。風呂にも入れないし、寝袋での睡眠は疲れがたまる。でも、疲れに直結したのは、なんといっても和式トイレ。子どものころは、和式トイレが当たり前（というか洋式トイレは存在していなかった）だったというのに、和式トイレで用を足すと、異様に疲れるのである。まさにエベレスト街道トレッキングで一番心配なことは、山小屋での風呂なし長期連泊とトイレ事情。さて、どうなることやら。

最終日は大日山荘（標高2400メートル）から、湿原を抜け大日平小屋、日本一の落差（350メートル）を誇る称名の滝を経て称名レストハウスまで、標高差1500メートルを一気に下る。山道には石がゴロゴロ。ロープや梯子、鎖場だらけの急坂である。この長い下りが右膝を痛めている僕には一番辛い。5時間ほどの下りで足はヨレヨレ。寝不足も手伝って、最後の方はふらついて、小石や根っこにつまづき何度か転倒しそうになった。

エベレスト街道トレッキングに急な長い下り坂がないことを願うばかり。

さて、9月の下旬はいよいよ最後の大仕上げ。黒部五郎岳（くろべごろうだけ）、槍ヶ岳縦走の3泊4日である。多分に高所恐怖症気味な僕は、映像で何度か見たことのある槍ヶ岳の頂上手前の梯子が怖くて槍ヶ岳を避けてきた。エベレスト登山の映像で一番怖いのも、深いクレパスの上に脚立を架けた橋を渡っていくシーンなのだから。

初日は大雨の中、太郎平小屋（標高２３２８メートル）まで。北岳、間ノ岳縦走のときと同じように、雨合羽の中までぐっしょり濡れそぼつ。でも、この小屋には立派な乾燥室があり、翌朝までに衣類や合羽をしっかり乾かすことができた。ただし靴は乾ききらない。翌朝は濡れた靴を履いての出発である。

朝も小雨。ただ、歩いているうちに雨はすっかり上がり、青空が顔をのぞかせる。北ノ俣岳（標高２６６１メートル）、赤木岳（標高２６２２メートル）を経て、黒部五郎岳山頂（標高２８３９メートル）へ。前日とは打って変わって最高の眺望。途中の尾根歩きでも、薬師岳、赤牛岳、水晶岳、立山連峰などの美しい山並みをずっと眺めつつ歩く。山頂では、その視界がもっと広がる。槍ヶ岳をはじめとする北アルプスの山々はもちろんのこと、笠岳、白山も手が届くように見える。

３日目の朝は、３時起きで黒部五郎小屋から出発。この日は歩行時間12時間余りを予定するハードコースである。歩く、歩く、登る、下る、登る。

三俣蓮華岳（標高２８４１メートル）を通過して、双六岳山頂（標高２８６０メートル）に着いたのが午前8時。ずいぶん歩いたつもりだけれど、まだ3分の1。槍ヶ岳は見えているけれど、とんでもなく遠くに感じる。到底、今日中に着けるとは思えないほど遠くに見えるのだ。

「このままでは今日中に山頂に行けない」と、ガイドはどんどん歩くスピードをアップしていく。双六小屋で何人かが脱落、ツアーを離れることになった。

それでも残ったメンバーはただ黙々と歩く、歩く、登る、下る、登る。

あんなに小さくにしか見えなかった槍ヶ岳がだんだん大きく見えてきた。どんどん存在感が増していく。双六山頂から6時間余り、樅沢岳（標高2755メートル）を経て、とうとう槍ヶ岳山荘に到着。計10時間余り、一心不乱に歩き続けた僕は、まさにヘトヘトである。

いよいよだというのに、槍ヶ岳の尖った岩山を間近にして、少し怖気づく。ヘトヘトの疲れた身体であの梯子を登り切れるのだろうか。僕は、テレビカメラがビルの上から真下をのぞき込む画像を見ただけでも足がすくんでしまう、まああの高所恐怖症である。でも、ここまで来てリタイアを言い出す人は一人もいない。しかも半分は女性だ。ここで登らなくっちゃ男がすたる。

意を決して登り始めたら、案外怖くない。梯子にしっかりとつかまってまっすぐに前を見て登れば、見えるのは岩壁ばかりだからだ。

槍ヶ岳山頂（標高3180メートル）からの全方位360度の眺めは格別。ただし、狭い山頂の崖っぷちに立つとやっぱり肝が縮む。高所恐怖症を克服したわけではないのだ。

最終日は槍ヶ岳山荘から新穂高山荘まで。標高差2000メートルを一気に下る。やっぱり山小屋3連泊の疲れと右膝の痛みで下りはヘロヘロ。登りのときは一番元気といってもいいくらいなのに、下りでは完全に劣等生。ますますエベレスト街道トレッキングの下りの難易度が気にかかる。

それでも、トレーニングを意識して登山を始めてから4か月。集中して山登りに取り組むことで、それなりの自信はついた。いまだに知識、技術は初心者のままだが、体力的には山のベテランたちに簡単に置いていかれることはないだろう。これまで参加したツアー、下りは平均よりかなり下だけれど、登りでは後れをとることは一度もなかったのだから。

さて、日本人がネパールに入国するためにはビザが必要である。入国時に空港で取得することも可能だが、念のためネパール大使館に出向いて30日間の観光ビザも取得した。オンラインでも取得できることになっているのでチャレンジしてみたが、どうしてもうまくいかない。

それで、仕方なく大使館まで足を運んだのだが、この大使館の対応がけんもほろろ。2時間ほど待たされて、やっと順番が回ってきたら、「オンラインでできるはず。ここでは対応できない」と断られる。「オンラインでできないから、ここまでやって来たのだ」とかなり強い口調で懇願したら、やっと対応してくれることになった。「スマホを貸してみろ。私がこの場でやってあげよう」と大使館員。大使館員が僕のスマホを手にしてしばらく格闘していたが、やっぱりうまくいかない。

結局最後はアナログ対応で、ビザの申請を受け付けてくれることになった。ただ、そこからも結構手間がかかった。スマホにあるコロナワクチンの接種証明書は見せるだけではダメで、プリントアウトしなければならないという。プリントアウトをするために、あわててコンビニに急ぐ。コンビニでもそれなりに手間取り、結果的には受付時間ギリギリでセーフ。ビザ申請だけで1日仕事である。危うくもう少しで2日仕事になるところだった。

なにかの手続きのために名古屋から来ていたネパール人は、長い時間待たされたあげく、結局時間切れ。横で見ていてもかわいそうだった。どこの国もお役所仕事に一般人は振り回されることになっているのかもしれない。

立山連峰の主峰雄山山頂付近から雄山峰本社を望む

途方もなく遠いと思っていた槍ヶ岳が手の届くところまで近づいてきた

1 MONTH BEFORE

出発前の準備期間 10月

さて、10月である。出発まで1か月を切った。

このあたりから、登山にまつわる読書と映像鑑賞によるイメージトレーニングを意識して行うようになった。大好きな夢枕獏の「神々の山嶺」は、小説、漫画も再読。もちろん映画も観た。笹本稜平の「還るべき場所」も再読。この小説の中に出てくるアマチュア登山家のためのエベレスト登頂ツアー（公募登山）の話が頭に残っていたから、中山さんからの誘いに乗ったような気もしている。この公募登山に関する知識がなければ、素人のエベレスト登頂なんて、単なる夢物語と一笑に付していたことだろう。小説の中の登山初心者でも、エベレスト山頂を目指すことができるという話に心が躍る。

笹本稜平の「その峰の彼方」も読んだ。沢木耕太郎の「凍」も再読。山登りへの気持ちを募らせていく。同じころ、新田次郎も何冊か読んだが、こちらは話が少々古臭く感じられ、山登りの臨場感が得られなかった。

山登りの本ではないが、角幡唯介の「空白の五マイル　チベット、世界最大のツアンポー峡谷に挑む」「アグルーカの行方　129人全員死亡、フランクリン隊が見た北極」「極夜行」「雪男は向こうからやって来た」も読んだ。冒険、探検へのチャレンジの大変さが身に沁みる。エベレスト街道トレッキングを冒険、探検への挑戦というのはかなり大袈裟だけれど……。

映像では「戦慄の爪痕　エベレストとネパール大地震」と「ニルマル・プルジャ　不可能を可能にした登山家」の2作品が興味深い。どちらもドキュメンタリー作品である。

「戦慄の爪痕」は2015年のネパール大地震を描いたもの。カトマンズとエベレスト街道がほぼその舞台となっている。大地震は山で暮らす人たちだけでなく、山を登ろうとしていた人たちの心にも大きな爪痕を残していたのだ。

「ニルマル・プルジャ」はネパールの登山家ニルマル・プルジャ（愛称はニムズ）の8000メートル峰全14座登頂の世界最速記録更新への挑戦を追ったもの。ニムズはそれまでの最短記録7年10か月（韓国人登山家金昌浩（キムチャンホ））を2019年に大幅に更新。なんと7か月で14座を登り切ってしまうのだ。しかも、下山中の人命救助や中国政府との入山許可（シシャパンマ。ここが最後の14座目となった）を巡るきわめて厳しい交渉を経たうえでの完全制覇である。彼は自身のSNSで支援者たちを動かし、中国政府からの許可を得るに至る。山登りには身体的なパワーだけではなく、政治を動かすためのパワーまで必要なのである。

まったく次元の違うチャレンジなのだが、勇気をもらえたのは確か。映像で見るヒマラヤの山々の美しさに気持ちも高ぶる。

遭難事故の実話をもとにした映画「エベレスト」も観た。1966年、ニュージーランドの登山ガイド会社によって企画された公募登山ツアーの物語である。ツアーに参加したのは日本人女性登山家の難波康子さん（田部井淳子に続いて日本人女性二人目のエベレスト登頂者）も含めて、それぞれに事情を抱えて世界中から集まってきた8人。ある程度の経験を持った者から、ほぼアマチュアレベルの人までいろいろである。

ニムズがまるで高尾山にでも登るように8000メートル超えの山をひょいひょいと登っていくのに対して、こちらの登山はデスゾーン（8000メートルより上の世界は死の世界という意味でこう呼ばれる）の過酷さが克明に描かれている。下山時、難波さんを含めて5人が遭難死するのだ。今回僕の行こうとしているのはデスゾーンではなく、ずっと低い5000メートル超えの山が三つ。それでも空気は平地の半分になる世界だ。ゆるんだ気持ちを引き締めてくれた映画である。もちろん、映像の中のヒマラヤの山々は相変わらず美しかったのだけれど……。

さて、10月になると登山ツアーも厳しい山登りのものは募集していない。できれば奥穂高岳とか劔岳にも登ってみたかったけれど、タイムアップである。そこで10月はトレーニングというよりは単純に山を楽しむツアーにいくつか申し込んだ。上旬は涸沢カール。上高地の静謐な美しさが好きなのである。横尾山荘と涸沢ヒュッテに泊まる2泊3日のゆるい山歩き。ただ、2日目から雨。のんびり、ゆったりとした山旅となった。

このあと事故が起こる。というか起こしてしまう。10月9日、なんと自分で勢いよく閉めたクルマのドアに右手の人差し指を挟んで骨折してしまったのだ。マヌケとしかいいようがない。9日は日曜、翌10日は祭日だったので、病院に行ったのが火曜日になってしまった。骨折よりも、深く大きく裂けてしまった傷口の方が重大だった。2日以上放っておいたため、指の皮がふやけて傷口を縫うのに一苦労ということになってしまった。病院で看護師さんに「自分で閉めたドアに挟まれて骨折するマヌケな人、他にいませんよねえ」と言ったら「そんなことありませんよ。お年寄りにはよくあることですよ」と返された。そう、僕は正真正銘れっきとしたお年寄りなのである。

それにしても、とんでもなく痛い。そしてなにより、利き手の人差し指が使えないと不便なことだらけである。箸もボールペンも握れない。ペットボトルの蓋が回せない。靴紐が結べない。ラケットもまともに握れないのでテニスもできない。まあ、握れたとしても手を大きく振り回すと傷口がズキズキと痛むから、テニスをするのも無理に違いない。

エベレスト街道トレッキングもキャンセルするしかないと一瞬は考えたが、左手と両足は無事なのだ。別にロッククライミングをしようとしているわけじゃない。多少の不便はあるだろうけれど、トレッキングはできるはずだと思い直した。

何日かすると、親指と中指で箸やボールペンは使えるようになったし、少々時間はかかるがペットボトルの蓋を開けたり、靴紐を結んだりすることもできるようになった。人間、慣れれば多少のことは克服できるのである。

ただ、中旬に予定していた美ヶ原、霧ヶ峰、蓼科山(たてしなやま)と、下旬に予定していた阿蘇山、祖母山、久住山のツアーはキャンセル。10月14日の中山さん主催の富士山の日帰り登山（エベレスト街道トレッキングツアー参加者向け）への参加も断念した（本当ならこの日、エベレスト街道トレッキングのための装備に関して教えを乞い、僕の登山能力の判定をしてもらうはずだった）。登山能力については僕の自己申告を信じてもらうしかないが、装備や携行品等については教えを乞うしかない。リモートで2時間たっぷり質疑応答の時間をとってもらった。個別対応してくれるなんて、中山さん、とっても親切なのである。

　10月20日には、31年間務めてきた自分の会社の代表の座を後進に譲り、セミリタイア状態から本格引退へと前進。晴れて時間的な自由を手に入れる。あとは10月31日の出発までは、ひたすら骨折した指の療養に励み（とはいっても自分ではなにもすることがない。病院に何度か通い、回復具合をお医者様に診てもらっただけである）、おとなしく日々を過ごしていた。

　心配なのは、せっかく4か月かけて山登りのための体力をつけてきたのに、3週間以上も運動らしい運動をしなかったこと。かなりレベルダウンしてしまったのではないだろうか。

　まあ、くよくよ考えてもしかたがない。なにをしていようと出発の日はやって来るのである。

PREPARATION PERIOD HIKING LIST

準備期間山行一覧

6月　剣山（標高１９５５メートル）、石鎚山弥山（標高１９７４メートル、西日本最高峰）、伯耆大山（標高１７０９メートル、中国地方最高峰）

7月　四阿山（標高２３５４メートル）、雨飾山（標高１９６３メートル）、鳥海山（標高２２３６メートル、ただし強風のため標高１７００メートルあたりの御田ヶ原で登頂を断念）、月山（標高１９８４メートル、人生初のアイゼン体験）、燕岳（標高２７６３メートル）、大天井岳（標高２９２２メートル）、常念岳（標高２８５７メートル）

8月　八ヶ岳連峰硫黄岳（標高２７６０メートル）、大雪山系コマクサ平（標高１８５０メートル、強風で層雲峡ロープウェイが運休、標高１９８４メートルの黒岳登頂を断念）、大雪山旭岳（標高２２９１メートル）

9月　北岳（標高3193メートル、日本第2位の高峰）、間ノ岳（標高3190メートル、北アルプスの奥穂高岳と並ぶ日本第3位の高峰）、中白根山（標高3055メートル）、室堂山（標高2668メートル）、浄土山（標高2831メートル）、龍王岳（標高2872メートル）、立山連峰雄山（標高3003メートル）、大汝山（3015メートル）、富士ノ折立（標高2999メートル）、真砂岳（標高2861メートル）、別山南峰（標高2874メートル）、別山北峰（評価2880メートル）、剱御前（標高2777メートル）、奥大日岳（標高2606メートル）、中大日岳（標高2500メートル）、大日岳（標高2501メートル）、北ノ俣岳（標高2661メートル）、赤木岳（標高2622メートル）、黒部五郎岳（標高2839メートル）、三俣蓮華岳（標高2841メートル）、双六岳（標高2860メートル）、樅沢岳（標高2755メートル）、槍ヶ岳（標高3180メートル、日本第5位の高峰）

10月　涸沢（標高2300メートル）、10月9日に右手人差し指を骨折、以後の山行（美ヶ原、霧ヶ峰、蓼科山、阿蘇山、祖母山、久住山、富士山）予定はすべてキャンセル。総仕上げになる予定だった富士山登山に行けなくなったのは残念。

COLUMN / ITEMS TO CARRY

出発準備　携行品

一度も冬山登山を経験したことのない僕は、エベレスト街道トレッキングにどのような装備で臨んだらいいのか、さっぱりわからない。その指導を受ける予定だった日帰り富士山登山に指の骨折で参加できなくなった僕は、リモートで中山さんから教えを乞うことになった。当初は雪山登山の装備が必要なのかと想像していたが、秋山登山の装備で十分とのこと。それなら、新しく購入しないといけないものはほとんどない。あとは、なにをチョイスし、なにを諦めるかである。

まず、カトマンズまでの移動は通常のスーツケースでOKとのこと。エベレスト街道トレッキングの最中、スーツケースはカトマンズのホテルが預かってくれるのだ。トレッキングに持参するのは自分で担ぐ登山用ザックとポーター（登山で荷物を運ぶことを仕事にしている人）に運んでもらうダッフルバッグ（登山用具などを運ぶための丈夫なバッグ。かなり大きいが15キロまでと重量制限がある）の二つである。

ホテルで荷物の整理。カトマンズ滞在用の

衣類等はスーツケースに残し、登山用ザックには雨具、防寒用衣類、行動食、ヘッドライトなどを詰める。こちらの重量は8キロほど。普段の山行のときよりもずっと軽い。ポーターに運んでもらう方のダッフルバッグには、着替え、モバイルバッテリー、日本食などを詰め込んだ。高山用の寝袋と厚手のダウンは旅行会社から貸与されるということで、最初からダッフルバッグに入っていた。

今まで日本の山行でも、毎日着替えるのを基本にしていた僕の衣類の量は、他の参加者よりもかなり多めだったようだ。途中で洗濯はなるべくしたくないと思っていたからだ。山で毎日着替える人なんていないと後で知った。

登山用靴下6足。これはメリノウール。登山用靴下以外にコットンの普通の靴下2足。こちらは就寝用。足が冷たいと眠れないのだが、登山用の靴下では厚過ぎて寝心地が悪い。これも余計な荷物ではある。

アンダーウエアも6枚。ベースレイヤー（直接肌に触れる一番下に着るウェアのこと）は速乾性&吸汗性にすぐれることが条件。メリノウールは臭いが気にならないのでいいと聞いたが、持っていない。でも、新規購入はしなかった。今まで使ってきた化繊の薄手のものばかり。でも、これも多すぎたと反省している。

アウターのパンツは2本。1本はザ・ノース・フェイスのスリムタイプ。もう1本はマムートのもので、途中にジッパーがついていて半ズボンにもできる。ベルトができるのも便利。なにしろ旅行中痩せ続けたので、ベルトが使えないザ・ノース・フェイスのものは、後半履きづらくなってしまったのだ。ただし、2本とも薄手。日本の秋の山歩きには十分だけど、夕暮れがせまり、グーンと気温が下がってくると、エベレスト街道では少々寒い。かといって、厚手のものを履いて歩いたら暑すぎると思う。寒い山小屋で使うアウターパンツが1本あったらよかった。

ワコールCW－Xのスポーツタイツも2本。右膝が痛いので、この筋力サポートをしてくれるインナーはありがたい。右膝用のサポーターも一つ。

インサレーション（インナーとアウターの間で熱をキープする衣類）は防寒用としてモンベルのフリースを1着、ユニクロのウルトラライトダウンを1着持参したが、ほとんど未使用。毎日着ていたのはミレーとザ・ノース・フェイスの薄手のウェア各1着。基本的に昼間は日が差していればまったく寒くないのである。

寒くなったときに羽織っていたのはマムートの化繊ダウン。これが軽くて暖かくてとっても使い勝手がよかった。化繊ダウンは雨に強い（濡れても性能を維持）ということで新規購入したのだ。化繊ダウンのおかげで、結局最後までバックパックの底からウルトラライトダウンを引っぱり出したことは一度もなかった。夜になって気温が下がっても、ずっと化繊ダウンだけで過ごしていたのである。

パジャマおよび山小屋生活用にコットンの長袖シャツとパンツを2着ずつ。あとはアンダータイツ2枚とアンダーパンツは3枚。これも今になって思えば多過ぎである。

サンダル1足は山小屋での生活用。山小屋に着いたら、登山靴は一刻も早く脱ぎたいものね。これは必携。

キャップ、毛糸の帽子、ネックウォーマー、防寒手袋、防水手袋、サングラス、速乾性のタオル、手ぬぐいは各1。日本の秋山登山で、毛糸の帽子やネックウォーマーを使ったことはなかったが、これは持参してよかった。時折訪れる寒さをしのぐにはちょうどいいアイテムである。日の出ていないときの登山、雨の中の登山もなかったので防寒手袋、防水手袋は未使用。でも、これは念のため持って行った方がいい。

今回、登山靴はくるぶしまで保護できるハイカットのものを履いていったのだが、石がゴロゴロ転がっているような山道が少ないので、ローカット、ミドルカットの登山靴（防水性にすぐれたものが必須）でもよかった気がする。日本の山道よりはずっと歩きやすい。それなら重くて物々しいハイカットの靴より軽いローカットの靴の方が楽だったのでは、というのが僕の感想。ポーターの多くはサンダルで山道を歩いているのだから……。ただし、突然の雪にも対応できるようスパッツを携行した方がいい。

右膝保護のため、今回ははじめてダブルストックに挑戦。つまりストックは2本。エベレスト街道、それほど急峻な下り坂はなかったが、やはり下り坂でのダブルストックは右膝の負担を軽減してくれたように思う。

スマホの充電が切れたら一大事なので、大きめのモバイルバッテリーを2台。重いけれど、フル充電しておけば寒冷地でもコンセントなしで5日はもつ。ちなみにこれは預け入れ荷物には入れられない。機内持ち込みをしなければいけないので注意。

あと、僕にとって重要なのは、フリーズドライの日本食。親子丼、やわらか牛肉の卵とじ、八宝菜、みそ汁など。海苔の佃煮とらっきょうの瓶詰（旅行中、醤油味だけでなく酢の味が無性に恋しくなるので僕にとっては必需品）、日本茶のパック、醤油味のおせんべいなども。

もちろん、ネパール料理が食べられないわけではないのだが、時折、日本食を挟まないとまったく食欲がなくなってしまう困った体質なのだ。実は、スーツケースの4分の1はこの日本食材で埋められていたのである。

　これらに洗面用具、手鏡（洗面所に鏡が設置されていない山小屋も多かったので大活躍。コンタクト使用者は必携かも）、薬、アミノサプリ、日焼け止め（リップスティック、のど飴などは必須アイテムなのに忘れてしまい山中で購入）、携帯ウエットティッシュ7袋（お尻にやさしくトイレットペーパーの代用品としても便利）、文庫本3冊にスマホとタブレット各1台。ちなみにタブレットはホテルに置いていったので、旅行中一度も使っていない。以前、旅行中にスマホを紛失したことがあり、そのときタブレットが大活躍したので持参したが、無駄な荷物だと思い直し、トレッキングに持って行くのはやめた。

　薬は高尿酸値、高血圧、前立腺肥大に対する常用薬（毎日飲む）と葛根湯だけ。後で考えれば風邪薬、頭痛薬（この二つの薬は中山さんからもらうことになった。道中風邪を引いたが、頭痛薬でずいぶん楽になった）、整腸剤（お腹は壊したことがないので、これは持って行っても使わなかったと思う）などは持って行くべきだったと反省。

　以上が、僕のエベレスト街道トレッキング携行品のすべてである。

MEMBER INTRODUCTION

エベレスト街道トレッキング　同行メンバー紹介

ツアー参加メンバー　9人

N°1 柳

僕（柳谷杞一郎　65歳男性）
本格登山を始めてからわずか5か月の登山初級者。付け焼刃のにわか登山トレーニングでエベレスト街道トレッキング、5000メートル超え三山にチャレンジする。

N°2 Z

Zさん（70代女性）
神奈川県の山の会（Yさん、Jさんと同じ会）に所属。日本百名山達成者、キリマンジャロ登頂、ツールドモンブランなどの経験もあり。

N°3 Y

Yさん（70代女性）
神奈川県の山の会（Zさん、Jさんと同じ会）に所属。

N°4 J

Jさん（70代女性）
神奈川県の山の会（Zさん、Yさんと同じ会）に所属。キリマンジャロ登頂経験あり。

N°5 S

Sさん（70代男性）
岩手県の山の会（Kさん、Oさんとは違う会）に所属。

ガイドメンバー　4人

GUIDE 中

中山岳史
今回のトレッキング中に誕生日を迎え、38歳になる男性。岩手県奥州市出身。「世界の絶景を通じて、一生の思い出をつくる」をキャッチフレーズとする旅行会社ワンダーズアドベンチャーの代表。フリーアルピニスト&フォトグラファー。エベレスト登頂経験あり。

GUIDE チ

チェパ・シェルパ（38歳男性）
強面だけど心優しく笑顔が可愛い。エベレストを含め8000メートル級の山々に何度も登頂経験のあるベテランガイド。同い年の中山さんと強い絆で結ばれる強力パートナー。

GUIDE フ

フラ・シェルパ（30代男性）
童顔で、まだあどけない少年っぽさの残る心やさしい好青年。ポーター経験を経てガイドに。日本での工場勤務経験があり、日本流のホスピタリティの持ち主。

GUIDE デ

ディケ・タマン（30代男性）
浅黒い肌が頼もしいベテランガイド。山登りの途中で時折ネパール民謡を口ずさんでくれたりもする。いつも笑顔で陽気。

N°6 K

Kさん（**65歳男性**）
元教師&校長先生。岩手県在住。岩手県の山の会（Sさん、Oさんとは違う会）に所属。本格的に登山に向き合うアルピニスト。

N°7 O

Oさん（**70代女性**）
日本百名山達成者。岩手県の山の会（Sさん、Kさんとは違う会）に所属。以前にエベレスト街道ナムチェバザールまでのトレッキング経験あり。

N°8 M

Mさん（**50代女性**）
ヨガインストラクター、フリーの歯科衛生士。東京在住。子育て後の趣味に山を選択。真摯かつ陽気に山登りに挑むメンバー1の元気印（ムードメーカー）。

N°9 T

Tさん（**40代女性**）
九州からの参加者。登山経験はそれほどなさそう。旅行期間が他のメンバーよりも長いため、途中（チュクン）からはグループから離れてのんびり行程の別メニュー。

PHOTO : Takeshi NAKAYAMA

DAY1

10月31日　東京→シンガポール→カトマンズ

いよいよエベレスト街道26日間の旅のスタートである。羽田空港の国際ターミナル（第3ターミナル）は大混雑である。余裕を持って東京の自宅を出て、飛行機の出発時間の3時間近く前に到着しておいてよかった。チェックインしてスーツケースを預け、保安検査場を通過するのに1時間以上を要して、ラウンジでホッと一息。

久々の国際線ビジネスラウンジだが、こちらも結構な混みよう。まともな日本食はしばらく食べられなくなりそうなので、それほど食欲はないものの、うどんをいただく。

骨折した右手人差し指は絶賛回復途上だけど、骨折よりも深く大きかった裂傷の方が心配。3週間が経過したというのに、いまだにズキズキと痛む。なにかにぶつかるのが心配で、すれ違う他者への注意喚起のため、派手に包帯を巻いてここまで満員電車に乗ってきた。大きな衝撃がなければ、あと3週間ほどで骨はくっつき始めるのだとか。

10時55分離陸。予定通り17時40分にシンガポール空港に到着。到着したターミナル1から、カトマンズ行きの飛行機の搭乗口があるターミナル3まで移動。途中、保安検査が2回。歩く距離も結構あって、まっすぐ向かったのに所要時間は50分ほど。この空港での乗り換え時間は1時間ちょっとしかなく、少々焦り始める。

以前にシカゴ空港で、長蛇のイミグレーション（入国審査）と空港内移動バスの大渋滞と、めちゃめちゃタラタラしている保安検査のせいで、乗り換え時間が3時間半もあったのに乗り遅れた悪夢を思い出す。でも大丈夫。ここはアメリカじゃない。しっかりとした親切な空港スタッフが誘導してくれて、事なきを得る。無事18時55分発のシンガポール航空の便に搭乗できた。

というわけで、22時10分（日本時間だと24時25分、なんと日本とネパールの時差はとっても中途半端な3時間15分）に無事**カトマンズ**、トリブヴァン国際空港に到着。シンガポールからカトマンズまではマイレージを利用した特典航空券（ビジネスクラス）が利用できたので、機内食を含めて快適なフライトとなった。日本人観光客の姿がほとんど見当たらない。乗客の多くはネパール人のようだ。

降機やイミグレーション、保安検査もほぼ先頭で通過して、バゲージクレーム（手荷物受取所）に一番乗り。ところが、いくら待っても僕のスーツケースは出てこない。1時間ほどすると、バゲージクレームのすべての荷物がなくなった。スーツケースがどこかで迷子になっていることが確定する。空港のバゲージカウンターには、荷物が出てこなくて困り果てた様子のお客が5人ほど列をつくっている。

列の最後に並んだ僕の事務処理が終了したころには、深夜1時過ぎになっていた。スーツケースはシンガポール空港に置き去りにされていたことが判明して、ひとまずホッとする。

ただ、シンガポール空港から僕のスーツケースが届くのは、翌日の深夜便。それまで着替え、洗面用具なしで過ごさなくてはならない。しかも、深夜にスーツケースを受け取り、次の日の早朝にはエベレスト街道トレッキングに出発予定である。

明日の夜、無事スーツケースを受け取って、明後日予定通りルクラに向かうことはできるのだろうか。なんとも不穏な旅の幕開けである。

DAY2

11月1日　カトマンズ

1400M

今回のエベレスト街道トレッキングツアーの他の参加者8人と、ガイドとして同行する中山さんは、僕とは1日遅れで、マレーシアのクアラルンプール経由で今夜到着予定。彼らは夜遅くカトマンズに着いて、翌日早朝にはルクラ行きの飛行機に乗り込むというハードスケジュール。僕も今夜遅くに着く予定のスーツケースを受け取り、パッキングし直さなければならないが、彼らは長時間のフライトの直後、ほとんど寝る時間もないはずだ。

カトマンズ空港から飛行機便は、雨季は雨に悩まされ、乾季は霧に離陸や着陸を阻まれる。天候不良で飛ばなくなることも多いらしい。10月にエベレスト街道トレッキングに挑戦した僕の友人グループは、悪天候によるフライトキャンセルでカトマンズに5日間も足止めをくらったとか。

もともと僕たちのツアーもフライト予備日が何日か設定されていた。しかもシーズン中（4、5、10、11月）はカトマンズ空港が混雑するため、カトマンズからルクラへの直行便はほとんど運航されないという。だから僕たちのツアーも当初はカトマンズからクルマでマンタレーニに移動して、そこで宿泊。早朝にラメチャップ空港からルクラに飛ぶ予定だったのだ。ところが、運よくカトマンズ空港からルクラまでのチャーター便をセッティングできたので（ヨーロッパからのツアーグループと共同して乗客数を確保し満席にした)、行程変更となったらしい。スケジュールが厳しくなっても、飛べるときに飛んだ方がいいという判断である。

さて、僕には1日の余裕がある。2度目のネパール、2度目のカトマンズだ。それなりに楽しまなくては。

朝、ホテルまで迎えに来てくれた中山さんの会社の現地案内スタッフとカウンターカフェで甘いマサラティーをゆっくりと楽しんだ後、日本円をネパールルピーに両替。宿泊したホテルはカトマンズ1のツーリストエリアであるタメル地区のど真ん中。多くの飲食店や土産物屋がひしめき合う。あちらこちらで両替屋もしのぎを削っているのだが、それぞれ為替レートが違う。現地スタッフがもっとも両替率のいいお店を紹介してくれたのはありがたかった。

続いてSIMカードの購入。ホテルで無料Wi-Fiも使えるが、エヌセル(ネパールの通信会社。ネパールにはもう1社ネパールテレコムもある)のSIMカードを購入しておけば街中を歩いているとき(深い山の中に入ると利用不可となるが、ルクラ、ナムチェバザール、テンボチェ、パンボチェなどエベレスト街道の主だった町、村では使用可能)でもスマホのモバイル通信が利用できるのは便利だ。これも安い店を紹介してくれた。1か月20ギガまでの利用で500ルピー（日本円で550円くらい）。円安の状況にもかかわらず、きわめてリーズナブルである。

あとは、オートバイの後ろに乗せてもらったりクルマに乗り換えたりしながら、街を散策。まずは、カトマンズ観光の目玉の一つ、スワヤンブナートへ。ネパール最古の仏教寺院だが、ヒンズー教の影響が色濃く反映されている。敷地内にはヒンズー教の神ガンガやヤムナー、ガネーシャなどの像も祀られているのだ。ちなみにご本尊は大日如来。

ここは前回カトマンズに来たときにも訪問したことがあったのだが、しばらくは気づかなかった。最近少々認知症気味である。

丘の上に建つ仏塔に向かう参道の石段には、たくさんの猿（この寺の別名はモンキーテンプル）と犬。犬猿の仲のようには見えず、仲よく共存している。

丘の上に立つとカトマンズの町並みが一望できる。絶景の観光ポイントである。

僕にとって日本食確保は最重要課題の一つ。おいしい日本食の食べられる店もいくつか紹介してもらった。タメル地区には、結構な数の日本食レストランが存在していて、どのお店も及第点を超えている。実際にそのうちの1軒でラーメンをいただく。悪くない。パリやニューヨ

スワヤンブナート寺院。仏教寺院だがヒンズー教の影響を強く受けている

カトマンズ ナンバーワンのツーリストエリア、タメル地区。必要なものはなんでも手に入る

ークの日本食レストランよりもずっとレベルが高く、価格もリーズナブルである。他にもスパ&サウナ、アーユルヴェーダのマッサージ店、盲目按摩師のマッサージ店なども教えてもらう。これならカトマンズ滞在中は楽しく快適に過ごせそうである。

一人の夜の寂しさをまぎらわせようと、ネパールダンスのショーを見せてくれるレストランを予約。ショーが始まり、料理が出てきた瞬間に後悔した。伝統的ネパール料理のオンパレードで、高いところからお酒を注ぐというパフォーマンスも。以前にも経験したことのある保守本流のネパール料理店のサービスである。

後悔したのは、ショーがつまらなかったわけでも料理がまずかったわけでもない。なにしろ、明日からエベレスト街道トレッキングが始まるのだ。泊まるのは山中の小さな山小屋。出てくる料理は毎日保守本流のネパール料理に決まっている。その食生活が僕にとって最大のネックなのである。しばらくまともな日本食が食べられなくなるのだから、おいしい日本食レストランが選べるカトマンズ滞在中は、日本食レストランに行くべきだったという後悔である。

なんでそんなに日本食にこだわるのか、不思議に思われる人も多いはず。でも、本当に僕は日本食以外のメニューが続くと間違いなく食が細くなる。困ったわがまま爺さんだと認めざるを得ない。まあ、海外旅行に行くだけで無理なく痩せられるので、ダイエットには困らないのだけれど……。

シンガポールに置き去りにされていたスーツケースが23時過ぎにはホテルに届き、山行きの荷物をパッキング。トレッキングに持って行かない荷物はスーツケースに入れてホテルに置いていける。自分が担ぐ登山用ザックとポーターに運んでもらうダッフルバックの二つに分ける。午前1時に就寝。

DAY3

11月2日

カトマンズ→ルクラ→トクトク

1400M　2480M　2760M

LUKULA

早朝3時半起き、5時出発でカトマンズ空港へ。早朝にもかかわらず、空港は人でごった返している。ルクラ行きのフライトは、チケットが手に入ったからといって安心してはいけない。カトマンズ盆地特有の霧が立ち込めてくれれば、フライトはキャンセルとなる。

朝は曇っていることが多いのだが、この日は快晴。もちろんカトマンズは快晴でも、ルクラ空港が雲や霧に閉ざされればアウトである。荷物を預け、待合室で待っている間も天に祈るばかりだ。

搭乗予定時間が過ぎても、なかなか搭乗開始のアナウンスがない。少しヤキモキしたが、午前6時過ぎ、シタ航空のプロペラ機は、ツアー客9人＋ガイド3人（日本からやって来た中山さんとカトマンズで合流したネパール人ガイド2人）の計12人を乗せて**カトマンズ**を離陸。

進行方向左側の席からの方が眺望がよいとのことで、すばやく確保。窓から見えるヒマラヤの山々は、前回の遊覧飛行のときよりも間近に感じられる。眼下には大波小波の丘陵地帯が続く。山間に小さな集落がいくつも見える。集落から遠く離れた山奥の段々畑も耕されており、小さな一軒家が点在していることに驚く。カトマンズを少し離れれば、あるのは山ばかりなのである。

わずか30分ほどのフライトで、世界一着陸が難しいといわれる**ルクラ**空港に到着。この空港の滑走路は、峡谷に突き出した尾根の背につくられていて、滑走路はあまりにも短い。その短さを補うために山に向かって滑走路が登り傾斜になっているのだ。逆に離陸のときは谷に向かって下り傾斜。谷底に落ちるように飛び出さなくてはならない。なんともスリリングな空港である。

ルクラの町は想像していたよりずっと開けていた。土産物屋、ホテル、カフェなどがずらりと立ち並ぶ。カラフルな色合いの山の観光地らしい街並みが、観光気分を高めてくれる。

まずはロッジのレストランで朝食だ。野菜たっぷりのシェルパスープとサーモンサンドイッチ、ミルクティーを注文。これに日本から持参のインスタントみそ汁を添える。サンドイッチのパンは少しボソボソしているが、おいしくいただく。

ここで参加者の紹介もあった。岩手県から3人。中山さんは岩手県奥州市の出身で、その縁らしい。中山さん主催ツアーの過去のお客さんの紹介で参加した70代の男女1人ずつ（Sさん

とOさん)。中山さんの講演を聞いて参加を決めた僕と同い年で65歳の男性Kさん。神奈川の山の会所属の70代の女性が3人(Zさん、Yさん、Jさん)。東京都在住の50代の女性が1人(Mさん)。九州在住の40代の女性(Tさん)が1人。僕を入れて計9人がツアー参加者である。

ガイドは4人。30代の中山さん。ネパール人の男性ガイドが3人(カトマンズから同行した2人に途中のデボチェで1人合流)。3人は全員日本語を喋る。そのうち2人はシェルパ族だ。シェルパはチベット系高地民の一種族名だが、多くのシェルパ族が優秀なガイドやポーターとして名をなしたため、ガイドやポーターと同義で使われるようになった。名字もそのままシェルパである。

30代のチェパ・シェルパさんは屈強。強面だけど心優しく笑顔が可愛い。エベレストはもちろんのこと、すでに8000メートル級の山の山頂に何度も登っている優秀なベテランガイドである。中山さんとは仲もよく信頼もあつい。30代のフラ・シェルパさんは童顔で少年っぽさが残る好青年。あどけない、はにかんだような笑顔が初々しい。日本の工場で何年か働いた経験があるからか、その心遣いは日本テイストで心地いい。

ちなみに、シェルパ族は生まれた曜日によって名前をつける慣習があり、やたら同じ名前の人に出会うことになる。

デボチェで合流することになるのは30代男性のディケさん。浅黒い肌が頼もしい。いつもニコニコしているので、こちらまで元気をもらえる。山登りの途中で、ときどきネパール民謡も口ずさんでくれた。シェルパとは別の山岳民族タマンの出身だ。

余談だが、ネパールのチベット系山岳民族は10以上。エベレストのあるクンブ地方に暮らすシェルパ族がもっとも有名だが、多くのタマン族もガイドやポーターとして活躍する。タマン族は木工や竹細工の優れた技術を持つことでも評価が高い。アンナプルナ山塊の南麓に暮らすグルン族も、イギリス軍の傭兵で、勇敢なグルカ兵を輩出していることで知る人も多いことだろう。８０００メートル峰全14座登頂の世界最速記録を更新したニムズは、グルカ兵経験者でグルン族の出身である。

さて、今後はこの13人でエベレスト街道を歩くことになるのだが、僕たちより滞在期間が長いTさんは途中から別行動。ロブチェイースト（標高６１９０メートル）に登る予定のKさんも何日か別行動することになっている。別行動のメンバーそれぞれにガイドが同行するので、ガイドがサポートする対象はそのときどきに代わっていくことになる。参加者の希望にできる限り対応していくという、この自由なツアー設計が中山さんの旅行会社の一番の特長なのだろう。

このロッジでカトマンズから運ばれてきた荷物が仕分けされる。僕たちツアー参加者は自分のザックを持つだけ。普段の山登りのときよりも軽量である。1人分15キロほどの重さのあるダッフルバッグは二つを一つにまとめてポーターたちが運んでくれる。彼らはこの約30キロの荷物と自身の荷物を担ぎ、僕たちの次の宿泊先まで先行する。街道にはこの重い荷物を担いだ多くのポーターたちが、すごい速足（サンダル履きの人がほとんど）で行き来しているのだ。

さあ、いよいよエベレスト街道トレッキングのスタートである。スタート地点の門のわきには、ネパール人女性としてはじめてエベレスト登頂を果たしたパサンラムさんの像が建てられている。

初日は登りより下りの多い10キロほどの行程。石畳の街道はそれなりの幅があり、よく整備されている。歩きやすいといえば歩きやすいのだが、問題は街道をさかんに行き交うゾッキョ（雌のヤクと雄の牛の合いの子。ヤクよりも毛が短く、牛よりも骨太でガタイがいい。標高の

世界一着陸が難しい空港として有名なルクラ。この町は多くのトレッカーで賑わう

JAVA
ALPINE

高い場所でしか生きられないヤクが、より標高の低い場所でも活躍できるように交配された雄のヤクと雌の牛の合いの子だと性能が落ちるとか）やロバの落とし物。これが大量に散在しているのだ。乾いたものもあれば、半乾きのものもある。もちろん、臭い立つ生々しいものもいっぱいだ。

美しい景色を存分に楽しみたいのは山々だけれど、上ばかりを向いて歩きうっかり落とし物を踏んだら大変なことになるのは必定。結果、ほぼ１００％うつむき加減で歩く山歩きとなった。このエベレスト街道、人気の観光街道であると同時に、このあたりに住む人々にとっては大切な生活道路でもある。クルマが走れない山道で物資を運ぶためには、人か動物に頼るしかない。生理現象による大量の落とし物は受け入れるしかないのである。

それにしても、ルクラから滑り出しのエベレスト街道、なんとも華やいだ楽しげな雰囲気。険しい山道を想像していたので少々拍子抜け。おしゃれなカフェ、レストラン、ロッジなどが割と短な間隔で現れてくる。食べる、飲む、トイレに困ることがなさそうだ。ところどころにゴミ箱は設置してあるし、お店を利用すればゴミを引き取ってくれる。

街道沿いのあちこちで見かける仏塔（チョルテン）や五色の祈祷旗（タルチョ）、マニ石（マニ＝経文がサンスクリット語で書かれている。集落にはマニ車が置かれている）などが、ここがチベット仏教の地であることを教えてくれる。タルチョは1回はためくと経文1回分、マニ車は1回回すと経文1回分の功徳があるとか。マニ石は時計回りで回るのがルール。したがって、道の真ん中にあるマニ石は左側を抜けていかなくてはいけない。

途中、世界初のエベレスト女性登頂者である田部井淳子さん（1975年5月16日。1970年5月11日に日本人初の登頂成功を植村直己、松浦輝夫が果たしてからわずか5年後のことである。日本人女性の強さを世界に知らしめた快挙である）の支援でつくられたというリンゴ園跡に立ち寄る。

ランチは谷底深い渓谷が見下ろせるカフェでとることになった。ここからはクスムカングル（標高6370メートル、三人の神が住む雪山）も見える。焼き飯と焼きそばのハーフ&ハーフを注文する。ガイドたちは温かな飲み物を用意してくれる。きらめく陽光のなか、まさにルンルンのピクニック気分だ。

今夜の宿泊先であるトクトクの村のヒマラヤンロッジへ着いたのは15時半。このロッジ（ずっとトレッキング中の宿泊先は山小屋をイメージしていたが、日本の山小屋とは違いそれぞれに鍵のかかる個室が提供される。そこにベッドが1台か2台置いてあるのだ。今後は山小屋ではなくロッジと呼ぶことにする）、建物内に洗面施設がない。洗面やハードコンタクト洗浄のためにはヘッドライトと手鏡を使いながら外の洗面台を使うしかない。

ちなみに、エベレスト街道のロッジの一般的な宿泊代は1泊200〜500ルピー（日本円で220円から550円）程度。驚くほど安い。ロッジの主な収入源は、朝夕食代と飲み物代（もちろん注文する内容にもよるが1000から1500ルピー程度必要）なのである。

それにしても寒い。昼間、小春日和ともいえる暖かさだったのが嘘のようだ。食堂が閉まり、部屋に帰るとそこに暖房はない。ともかく寒い。もうあとは寝袋にくるまって眠りにつくしかすることがない。

初日の夜にしてエベレスト街道の厳しさが見え始めた。

それでも夕方散歩にでかけて見た、異様に白く輝くタムセルク（標高6618メートル）の美しさは強烈だった。言葉では表現できないくらい凄みのある山の美しさである。

夕方の太陽の光を照り返すタムセルクの白さは強烈である

DAY4

11月3日

トクトク→ナムチェバザール

2760M 3440M

さて、今日からいよいよエベレスト街道を本格トレッキングである。朝7時半、**トクトク**を出発。右手にタムセルクの雄姿を眺めつつ、ドゥドゥコシ川（コシは川の意、ドゥドゥはミルクの意。川の水は青白く濁っている）沿いの道を進む。山腹を巻いている道が小刻みに登り下りしながら上流へと向かう。

急峻な山道をトレッカーたちだけでなくポーター、ロバやゾッキョも息を切らせながら登っていく。重い荷物を背負ったゾッキョの隊列とすれ違うときは、必ず山側に身をよけなければいけない。なにかの拍子にゾッキョの背負っている大きくて重い荷物にぶつかったら、谷底に転げ落ちることになるからだ。プロパンガス用のボンベにぶつかったら、かなりの衝撃を受けそうである。逃げるが勝ちだ。

ベンカー（標高2630メートル）、チュモア（標高2760メートル）などの集落を通過。このあたりの家々の傍らにはダイコン、ニンジン、ジャガイモ、インゲン、キヌサヤなどの畑がつくられている。どの作物も整然と植えられておらず、点々バラバラに育っているのがなんだか微笑ましい。

ベンカー村で、僕の会社（撮影スタジオ）の元スタッフと遭遇。僕がエベレスト街道を歩いていることをInstagramを見て知ったみたいで、前泊はトクトクよりも手前のパクディン（標高2610メートル）だったのだが、急ぎ足で追いついてきたのだ。世界は狭い。

彼は旅行会社のツアーに参加しておらず単独行動。最初はガイドもポーターも頼んでいなかったのだが、30キロ以上の荷物（彼はプロカメラマンなので一眼レフカメラだけでなく中判カメラの機材も持参していた。ちなみに重い機材を持ち歩くのが嫌いな元カメラマンの僕は、本書掲載の写真もすべてスマホで撮っている）を背負ったままでの山歩きは無理と判断。急遽パクディンでポーターを探したらしい。日当は1500ルピー（日本円で1600円くらい）。ただしこのポーターは、日本語はもちろん英語もほとんど喋れないようで、コミュニケーションは簡単な英単語と身振り手振りだけ。これでこの先2週間以上、エベレスト街道を歩こうというのだから大した度胸である。

モンジョ（標高2835メートル）にある国立公園事務所でサガルマータ（エベレストのネパール語名。エベレストは英国の測量局長官の名前。チベット語だとチョモランマである）国立公園入域料を支払い、入場門をくぐる。ちなみに、クンブ入域料は手前のパクディンで支払い済、TIMS許可証（申請が必要）もカトマンズで入手済みである。

川沿いをしばらく歩き、いくつかの吊り橋を渡ると、前方に2階建てになっている大きな吊り橋が見えてきた。吊り橋にはたくさんの祈禱旗がつけられている。エベレスト登頂を世界で最初に成し遂げた、ニュージーランド人の登山家ヒラリー卿の名前がつけられたヒラリーブリッジである。2階建てと書いたが1階部分はすでに使われていない。2階部分は山腹のかなり高い位置にあって、対岸の山腹へとつながっている。

対岸から渡ってくるトレッカーや重い荷物を担いだポーター、ゾッキョと狭い橋の上を譲り合いながら、反対側に渡る。揺れる橋の上は大混雑である。

ここまで来れば今夜の宿泊地ナムチェバザールはもう目と鼻の先だ。ただし、ここから標高差600メートルの急峻な山道が始まる。樹林帯の中、ひたすらジグザグの登りが続く。途中、樹林の隙間からエベレストが望めるビューポイント（標高3235メートル）がある。この旅初の生エベレストとの対面である。ただし、あまりに遠く小さすぎて感動はうすい。

ここにはナムチェバザールからやって来て、飲み物や果物を売っている人たちもいる。移動売店である。そのうちの一人、若い女性がおしゃれなマムートの上着を着ている。ネパールには模造品が多く売られているが、間近で見ても本物か偽物か見分けがつかない。

「いくらで買ったの?」と聞くと「500ルピー（日本円で550円くらい）」と答えるではないか。ネパール人ガイド曰く、現地の人だからその価格なのであって、観光客だと10倍近い価格になるのだとか。きわめて本物に近い偽物が中国からやって来るらしい。たまに本物の横流しのような商品が出回ることもあるのだとか。中国はネパールの隣国なのである。

ここでおいしいリンゴやミカンをいただき、元気になって再び登坂に向かう。

14時過ぎに**ナムチェバザール**に到着。ナムチェバザールは、ここからあちこちに分岐していくエベレスト街道トレッキングの拠点となる町。クンブ地方最大の町でもある。土産物屋、ホテル、ロッジ、トレッキング用品の店、様々な飲食店（日本食の店もある）はもちろんのこと、書店、銀行、病院などもある、色鮮やかでにぎやかな町だ。古くからチベットとの交易が盛んで、毎週土曜日に市が立てられたことから町にバザールの名がつけられている。

宿泊先のロッジに荷物を置いてしばしの休憩ののち、近くのアーミーキャンプまで散歩。ここからはタムセルク、カンテガ（標高6783メートル、山名は馬の鞍の意）、アマダブラム（標高6814メートル、山名は母の首飾りの意）、エベレスト山塊の副将ともいうべきローツェ（標高8516メートル、世界第4位の高峰）など、エベレスト街道を彩る名峰が一望できる。

この後のトレッキングでも、この四山は見る位置によって様々な表情を見せてくれた主役級の山々である。

このアーミーキャンプは公園になっていて、1953年5月29日に世界ではじめてヒラリー卿とともにエベレストの頂上に立った、シェルパのテンジン・ノルゲイの銅像が誇らしげに建てられている。

ロッジで夕食後、シャワーを浴び、洗濯をして就寝となった。昨晩にも増してロッジの部屋は寒い。晴れた昼間、歩いているときはまったく寒さを感じない（むしろ暑いくらい）のだが、夜中の山中は想像を超える寒さである。

翌日、メンバーのほとんどが体調を崩すことになった。

エベレスト街道を歩き始めて最初にエベレストが見える峠には露天の店が開かれている

重い荷物はロバやゾッキョが背負う。このガスボンベにまともにぶつかると谷底までまっしぐらになりかねない

家路を急ぐナムチェバザールの学生たち。元気に挨拶をしてくれる

エベレスト街道トレッキングの最重要分岐点ともいえるナムチェバザール

ホテルエベレストビューからクムジュンの村へと下っていく。
家々の屋根の色はエメラルドグリーンに統一されている

DAY5

11月4日

ナムチェバザール→ホテルエベレストビュー→
3440M　3880M
クムジュン→クンデピーク→ナムチェバザール
3780M　4200M　3440M

高度順応のため**ナムチェバザール**には連泊の予定である。

ナムチェバザールの西にはボテコシ川の谷を隔ててコンデリ（標高6187メートル）の巨大な山塊が圧倒的な存在感を示す。今日も快晴のトレッキング日和だが、9人中7人がなんらかの体調不良に見舞われていた。食欲不振、吐き気、不眠などの症状である。典型的な高山病の症状だが、この時点で高山病の人は一人もいないというのが経験豊富な中山さんの判断だ。頭痛を訴える人がいなかったからだ。

もともとこのメンバーは、僕を除けば日本百名山達成者あり、キリマンジャロ登頂者あり、地元山岳会で活躍している現役アルピニストあり、の強者揃い。今まで富士山（標高3776メートル）に登って高山病になったことなど一度もないメンバーなのである。ただ、ここ数年コロナ禍で大した山登りもできず体力が落ちていたのかもしれない。体調不良はなにより予想を上回る寒さに体力を奪われたことが主原因なのだと思われる。昼間歩いているときは寒くないのだが、朝はかなり寒い。ナムチェバザールの朝の気温は氷点下10度（明け方の最低気温はもっとずっと低いということだ）。平年と比べると8度から10度程度低かっ

たらしい。

昨晩シャワーを浴び、外の冷たい水で洗濯をした3人（僕、Zさん、Yさん）は全員風邪を引いてしまった。

今日は高度順応のためにホテルエベレストビューからクムジュンの村、余裕があればクンデピークを回ってナムチェバザールに帰ってくるという予定である。

朝7時半に出発。ナムチェの村の背後に迫るシャンボチェ（標高3720メートル）の尾根に向かって急斜面をジグザグ登っていく。途中、コンデリを間近に望める展望エリアで記念写真。このあたりは多くの外国人トレッカーでやや渋滞気味。

富士山の標高を超えたあたりに広い草原が広がる。日本ならとっくに森林限界を超えているが、まだまだ緑も豊かである。しばらく進み、峠に出ると、大きく視界が開けて右手にアマダブラム、正面にエベレスト山群が美しい山容を見せ始める。まさに絶景である。ここでもたくさんのトレッカーが記念写真を撮っていてスピードダウン。シャンボチェの飛行場東端のわきを通り抜け、20分ほどで**ホテルエベレストビュー**の正面玄関にたどり着く。

ホテルエベレストビュー（標高3880メートル）は、テレビで何度か観たことのある僕にとってはお馴染みのホテル。日本人による経営で、宿泊できるのは同ホテルが運営するツアー参加者のみ（日本発着である必要はない）。特別感のあるホテルである。エベレスト山群を望むおしゃれなテラスで、ランチやお茶をすることは誰でも可能だ。

ここで再び、僕の会社の元スタッフと遭遇。あらためて記念写真を撮る。

テラスから見えるエベレスト山群の光景は、間違いなく絶景ではある。エベレストも見えることは見えるが、やっぱり遠くて小さい。これだと遊覧飛行で見たエベレストと大差はない。「よーし、必ずもっと間近に近づいてみせるからな」と心に誓う。

ホテルエベレストビューからクムジュン（標高３７８０メートル）に下り、クンデピークを目指すメンバーは6人に絞られた。体調がすぐれない３人はそこからナムチェバザールに戻り、町の散策をするという別メニューである。

僕は風邪気味ではあるものの、パルスオキシメーターで計った血中酸素濃度も高く、まったく高山病の症状もないので参加。Zさん、Yさん、Kさんの３人も体調は万全ではないように見えたが参加。OさんとMさんはまったく問題なさそうなので当然参加である。

ホテルから30分ほど下っていくと、神の山クンビラ（標高５７６５メートル）。山名は守護神

PHOTO : Takeshi NAKAYAMA

の意。神の山なので登ることは許されていない）の麓の村**クムジュン**に至る。エベレスト初登頂成功に対する感謝の気持ちとしてヒラリー卿が経済支援をした村で、建物の屋根はすべてエメラルドグリーンに統一されている。ここにはヒラリー卿が建て、ヒラリーの名を冠した学校、病院などが残されている。12時過ぎ。ランチはトゥクパ（ネパール風うどん）をいただく。

村を抜け、再び急な坂を登ること90分。標高4200メートルの**クンデピーク**に到達。10数年前にアンデスの高地を取材したとき以来の4000メートル超えである。少し風邪気味だけど元気いっぱい。僕は高度には強いみたいだ。登ることに辛さを感じない。

風は強いがヒラリーメモリアルビューポイントと呼ばれる展望台から眺めるクンビラ、アマダブラム、コンデリの雄姿はまた格別である。

さあ、あとは下りだ。僕はこの下りにめっぽう弱い。これまでずっと先頭を引っぱって登って来たし、遅れているメンバーを待つために何度も立ち止まったりしてきた。ところが、下りでは他のメンバーのスピードについていけない。うっかりしていると、すぐに置いていかれそうになるのだ。右膝が痛くて速く下れない。

ガイドも登りのときはあれほど口をすっぱくして「ビスタリ、ビスタリ（ゆっくり、ゆっくり）」と声をかけるというのに、下りのときはすごいスピード（という風に僕には感じられる）になるのである。

ナムチェバザールの町に帰って来たのは15時前。洗濯物を取り込んで、夕食。僕はすでに山での食事に飽き始めていた。飽きると食べられなくなるのだ。危険な兆候である。風邪のせいか頭も少し痛くなってきた。

そしてなにより部屋の中が寒い。これが一番辛い。夜は寝袋にくるまって早々に寝るのみである。

クムジュンの村のレストランで日向ぼっこをしながら談笑するチベット仏教の僧侶たち。後ろに見えるのは神の山クンビラ

クンデピークからナムチェバザールに下りて来た。正面にカンデカとタムセルクが重なって見える

よく耕されているクムジュンの畑。正面はカンデカとタムセルク

DAY6

11月5日

ナムチェバザール→テンボチェ→デボチェ

3440M　3860M　3820M

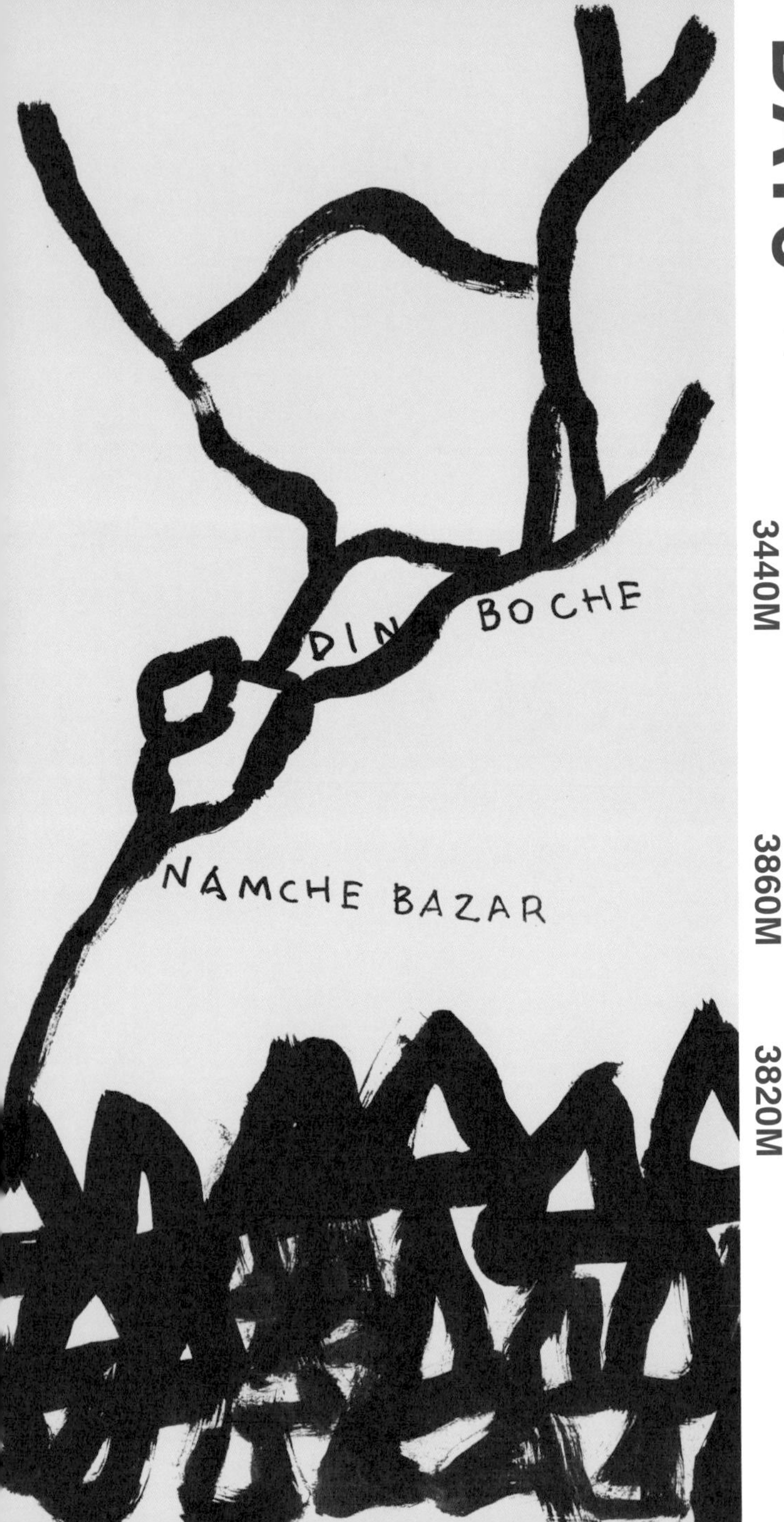

朝7時半に**ナムチェバザール**を出発。今日も青空が広がっている。ゆるやかな山道を、「ゆっくりゆっくり」と心の中で唱えるように歩く。下りと違って登りはいつの間にかオーバーペースになってしまうのが僕の悪い癖だ。ハイペースでの登りは高山病を誘発しやすいらしい。意識してローペースを心がけないと、ついついスピードアップしてしまうのである。

それでも先頭の方を歩いていたら、後方を歩いていたグループが立ち止まって声をあげているのに気づいた。なにかを発見したようだ。戻って確かめる。

畑の中で見つけたのはネパールの国鳥ダンフェ。体色は鮮やかな紫色、頭部はエメラルドグリーンと黒、しっぽはコバルトブルーとオレンジである。綺麗な鳥だ。写真では見たことがあるものの本物に会えるとは思っていなかった。出発早々の国鳥との遭遇にグループ全員の意気もあがる。

この道沿いにも、小ぎれいなレストランやカフェが点在している。ゆるやかな登り下りの道が続く。進行方向正面にローツェ、右手にアマダブラムを眺めながらのんびりと山道を進む。

キャンズマ（標高3550メートル）まではゆるやか登り、そこから一旦プ

ンギテンガ(標高3250メートル)まで下って、昼食をとり(ここでも焼き飯と焼きそばのハーフ&ハーフ。同じような味に嫌気がさしてきた)休憩。ここからテンボチェ(標高3860メートル)までの標高差約600メートルを一気に登り切らなくてはならない。

もともと体調を崩していた人たちは、この急勾配が苦しそう。急勾配だけでなく、富士山超えの高度もトレッカーを苦しめる。メンバーの隊列に間隔が空き始めた。

風邪のせいか、頭痛と鼻水のせいで僕も楽ではない。**テンボチェ**ゴンパ(チベット仏教の大きな寺院。一度焼失して1995年に再建された)に着くころには、僕も結構フラフラな状態になっていた。メンバーのほとんどに元気がない。

テンボチェゴンパの中を参拝(写真撮影は不可)の後、寺院正面左奥の小道を進んで見晴らしのいい尾根へ。ここには、

1982年に日本人としてはじめて冬季エベレスト登頂に成功し、帰路に遭難し帰らぬ人となった加藤保男（秋・春・冬の3シーズン、エベレストの山頂に立った世界初の登山家である。しかも、南北両面からの登頂を成功させたのも世界初）をはじめ、エベレストに関係の深い多くの日本人登山家の慰霊碑が建てられている。しばし黙祷。

テンボチェから少し下って、**デボチェ**のリベンデルロッジに到着したのは16時前。疲れが出たのか、歩くペースは相当遅くなっている。メンバーの到着時間にはかなりの時差が生じた。

標高4000メートルが近づき、高山病気味の人には辛い行程となったようだ。

ちなみに深い山の中でスマホを利用するためには、宿泊施設内で使える専用Ｗｉ－Ｆｉカードの購入が必要である。20時間利用可能のものが500ルピー（日本円で550円くらい）。スマホがつながっていると、なんだか気持ちがホッとする。日本の電車の中では文庫本を読んでいる僕だが、ここでの時間つぶしでは若者と同じようにスマホが主役だ。

このロッジからは、正面に大きくローツェ（ローはシェルパ語で南の意。エベレストの南にある山ということになる）、その先にエベレストを展望できる。最高のロケーションである。

街道沿いに点在するカフェや土産物屋。正面はアマダブラム、左手にローツェ

このあたりの高度はまだ4000メートル未満なので活躍するのはゾッキョ。すれ違うときは山側に避けるのが鉄則

DAY7

11月6日

デボチェ

3820M

DING BOCHE

ツアーメンバーの大半が体調不良になってしまったため、この日は**デボチェ**にとどまり、完全休息日とすることになった。僕を含め4人が風邪気味（僕の体温は38度超え、少しだるい）、残りのメンバーは疲労による極度の食欲不振でノックダウン。

ただ、元気なOさん、Mさん、風邪から復活したYさんの3人は、近くの眺望のいい山までハイキングに出かけた。

この日は天気もよく、眺めのいい中庭もあるロッジなので、僕は読書と洗濯の日と決める。連泊のときに洗濯をしないと洗ったものを干しておく時間がないからだ。それでも僕の風邪は洗濯をしたことが原因という自覚があったので躊躇していたら、ロッジのスタッフが1点100～150ルピー（日本円で110円～160円くらい）程度で洗濯をしてくれるというではないか。喜んで、溜まっていた洗濯物のすべてをお願いすることにした。快晴なので、朝洗濯したものはお昼過ぎにはすっかり乾いてしまう。これで、少し淀んでいた気持ちもすっきり爽やかになった。痛んでいた僕の身体もほぼ復調。明日からは気持ちを新たにして元気に歩けそうである。

出発のときから、毎朝毎晩、パルスオキシメーターで血中酸素濃度を測り、その数値により半粒か、一粒、高山病予防薬のダイアモックスを処方されるのが日課になっている。ほとんどのメンバー（血中酸素濃度は70台後半から80台中盤）は一粒。僕とMさんはずっと半粒を摂取。血中酸素濃度が高いままだったからだ。だいたい90台から80台後半を維持していて、高山病の気配は感じられない。

ただ、僕と彼女が決定的に違うのは食欲。食欲がどんどんなくなっていく僕に対してMさんは常に食欲旺盛。なんでもおいしそうにワシワシ食べる。たくさん食べられる人は圧倒的に強いのである。

Mさんは、エベレスト街道トレッキングを目標にこの何年間か厳しい山登りへの挑戦を続け、トレーニングに励んできたという。メンバー全員が驚いたのは、北アルプスや南アルプスの山々にチャレンジできないときには、1日2回の高尾山往復を何度も繰り返していたという逸話。しかも、コース（高尾山の登山道はいくつもあるからね）を変えての2回ではなく、同じコースを1日2回往復したというのだ。すごい！　すご過ぎる！

それはさておき、僕と彼女を除くと、参加者の血中酸素濃度はあまりかんばしくなかったようだ。多くは70台後半、80代前半。もっとも深刻な人は70台前半という数値だった。70台後半、80台前半の人でも頑張って元気に歩いている人もいたが、たいがいは動きにキレがなくなり、どんよりとした動きになっていく。

しかも、僕やMさんも含めてメンバー全員の咳が止まらない。結構、これがきつい。冷たく乾いた空気が原因のようだ。明日はディンボチェへ向かう。いよいよ4400メートル超えの地での滞在である。メンバーの体調が戻り、全員で最初の5000メートル峰チュクンリ登頂ができることを祈るばかりだ。

COLUMN / ALTITUDE SICKNESS

高山病について知っておきたいいくつかのこと

高山病はうすい酸素に慣れない身体を襲う。高度だけでなく、寒さや疲労も高山病を誘発する原因となる。

高山病になれば、頭痛に始まって、食欲不振、不眠、呼吸困難と、人の体力を次から次へと奪っていく。初期症状で苦しんでいる中、無理を続けると肺や脳にダメージを受けることになる。肺水腫や脳浮腫など、重篤な状態になったら一大事。そこまでいったら下山するしかなくなる。その際注意したいのは、重度な高山病にかかっている人は正常な判断力を失っている可能性が高いので、周りの人が下山の判断をして強制してあげることだ。

ペルーのクスコ空港（標高3300メートル）を降り立ったところで2割ほどの観光客が高山病の症状で体調不良におちいるが、マチュピチュ（標高2400メートル）まで下りれば、ほとんどの人の体調は戻るのである。高山病の特効薬は高度を下げることだけなのだ。

高山病になるかならないかは、低地での体力や登山経験とは関係ない。遺伝、体質によるものらしい。標高2500メートルで高山病になる人もいれば、僕やMさんのように4000メートルを超えてもなんともない人もいる。

それでも、高山病にならないために、やるべきことはいくつもある。

①まずは急いで登らないこと、走ったりしないこと。

徐々に高度を上げていき、身体を慣らしていくというのは基本中の基本。高度順応のため、同じ場所に何日かとどまるというのも同じ理由からだ。

ホテルエベレスビューにヘリコプターでルクラから標高差1000メートル以上を一気に上がって来ていた若い日本人女性の2人組がいたけれど、これは注意が必要。滞在時間を短く（標高3880メートルのホテルエベレストビューなら60分程度、標高が5000メートルを超えるカラタパールなら15分程度）しなければ、かなりの確率で高山病になるという。

②また、高地で走るとたいていの人は頭痛に襲われる。高地に強いと思っていた僕もボリビアの首都ラパス（標高3625メートル）で浮かれて走り回っていたら、しっかり高山病の症状を発症した。

③こまめに水分を補給し、アルコールは控えること。

高地では酸素が少ないため呼吸量が多くなる。吐いた息には水分が含まれているため、体内の水分は思っている以上に失われていく。したがって、なるべく多くの水分を補給した方がいい。ガイドからは高度3000メートルを超えたら1日3ℓ（食べたものに含まれる水分も合わせて）、4000メートルを超えたら1日4ℓと言われたけれど、僕には無理だった。これまでの5日間、1日に1ℓのペットボトルを一度も空にしたことがない。ダメの見本である。

ちなみにMさんは、ほぼこの量の水分補給をクリア。これも元気のみなもとだったのかも。彼女は朝起きてからのヨガも欠かさなかった。本人はヨガがもっとも効果的と信じて疑わない。

アルコールがダメな理由は僕にはわからない。僕はまったくアルコールを飲まないので、これについては発言権なしである。

④高地の目的地に着いてすぐに寝転んだり眠りについたりしないこと。

寝転んだ状態になると呼吸が浅くなる。呼吸が浅くなると血中酸素濃度の低下をまねき、高山病を発症しやすくなるのだ。当然トレッキング中も深い呼吸を心がけたい。コツは息を吸うことよりも深く吐くことを意識すること。そうすれば自然と多くの空気を吸うことになるからだ。

僕は根っからのおしゃべりで、大きな声でおしゃべりをしながら歩く方が断然楽である。気がまぎれるというだけでなく、意識しなくても呼吸が深くなるからだと理解している。誰でも、パルスオキシメーター計測時におしゃべりしながら計った方が血中酸素濃度が上がる。無口になってしまった人の血中酸素濃度は低くなるようだ。

⑤十分な栄養、睡眠、休養をとること。

これはもう当たり前のことだけれど、簡単ではない。高山病になり体調を崩す人は食欲をなくし、睡眠がとれなくなった人たちなのだから……。僕は前立腺肥大の持病があり、夜中に最低1回、調子が悪ければ2回トイレに行くために起きることになる。参加の男性メンバーは3人とも同じような様子だったように思う。調子がよければトイレから戻って寝袋に入ればすぐに眠れるのだが、そうでない夜もある。それでも、頑張って少しでも身体を休めるよう努力はした。もちろん、たとえ食欲不振になっても最低限の食べ物は摂取しなければ、必要なエネルギーは補充されない。嫌でも無理をしてでも食べるしかないのである。

さて、僕自身は基本的に高山に強い体質だったように思うが、それはあくまで標高5500メートルまでのこと。実際に6000メートル、7000メートル、

8000メートルを超えていったらどうなるかは、神のみぞ知る、である。今回のツアー参加メンバーも富士山登山ではまったく問題のなかった人ばかり。キリマンジャロ（標高5895メートル）登頂に成功している人も複数人いたのだ。

野口健、石川直樹の七大大陸最高峰最年少登頂記録（野口は25歳、石川は23歳327日）を塗り替えた山田淳（23歳9日）は、1座目に登ったキリマンジャロでひどい高山病に苦しめられたという。何度も嘔吐した。それで、帰国後、低酸素室を使ったトレーニングを重ね、以後の登山に挑んだのである。結果、南米大陸の最高峰アコンカグア（標高6960メートル）他、順調な登頂が続く。予算の問題から一度のチャレンジでエベレスト登頂を成功させないといけない山田は、チャレンジの前にチョーオユー（標高8188メートル）を試登することにする。ところが、ここでも深刻な高山病に苦しめられることになった。山田は帰国後、再び低圧低酸素室でのトレーニングを経て、最終的にエベレスト登頂を果たすことになったのである。

高山病になるかならないかは体質の問題かもしれないが、トレーニングによって克服することはできるようである。一番簡単なのは高地でしばらく暮らすことだろう。

DAY8

11月7日

デボチェ→ディンボチェ

3820M　4410M

6時前に起床。昨晩中山さんからもらったネパールの風邪薬が効いたのか、朝までぐっすり眠れた。体温は平熱の36・3度に戻っている。

元気に起き上がって、うっすらと赤く染まったローツェとエベレストを拝む。本日もおかげ様で、空には抜けるような青色が広がっている。見事な快晴である。

トーストとオムレツだけのシンプルな朝食をいただき（体調は回復したけれど、食欲は回復せず）、体調が戻らないメンバー2人（ZさんとKさん）と付き添いのガイド1人をロッジに残し、朝8時前にデボチェを出発。

集落を抜け、ローツェを正面に見ながら、なだらかな登り坂をゆっくりと噛みしめるように進む。イムジャコーラ川にかかった吊り橋を渡り川の左岸へ。今度は進行方向の正面右手にアマダブラムが現れ、その存在感がどんどん大きくなっていく。山道の右手、崖下には石垣に囲まれ、よく耕された畑も見える。人々の生活が感じられる山道である。

9時半にはパンボチェのロッジ、ハイランド・シェルパ・リゾート（標高3985メートル）に到着。温かいミルクティーやジンジャーティーをいただき、しばしの休憩。ここからの眺望は素晴らしい。

このロッジの建物内には、ヒラリー卿が1953年のエベレスト初登頂のときに使用したとされる木製の機材収納箱、酸素ボンベ、靴などの登山用具が展示されている。どれも重そうだし、使い勝手も悪そう。この装備で8848メートルの山頂に立つのは生半可なことではない。尊敬あるのみである。

ロッジを出て再びイムジャコーラの川沿いの山道を、正面左手にエベレスト山塊、右手にアマダブラムを眺めながらのんびりと歩く。ほのぼのとしたと草原の道だ。トレッキングの始めのころはあまりにスローモーションな登りのスピードに少々戸惑っていたが、この登り方こそが高山病を避けるために必要な登り方なのだと理解し始めた。咳が止まらず、鼻水タラタラの状態の僕にはありがたいスローペースである。一歩一歩大地を踏みしめながら歩くことが心地よくなっていく。

11時15分にショマレ（標高4010メートル）のレストラン、パノラマランチプレイスに到着。ここでは、ますます食欲がなくなり、茹でたジャガイモと熱いお湯をもらい、日本から持参のカップラーメンだけをいただく。茹でたじゃがいもと醤油味のスープの組み合わせに心がなごむ。

食欲がないのは高地にいることが原因かという疑いもあるが、いつも海外旅行に出かけ、同じようなものを食べ続けると、どこでも食欲がなくなるので、高山病の症状ではないと自分では思っている。

山のロッジやレストランのメニューは、ほぼ同じものが並ぶ。これがだんだんと食べられなくなるのだ。

ネパールの名誉のためにも言っておくが、これらが決してまずいわけではない。たまに食べるのであれば受け入れられる。メニューに選択肢もある。それでも、僕の場合、何日か続けてこのメニューを食べていると、なにを食べても同じようなものを食べている気分になって食欲が減退するのだ。同様に、日本から持参したフリーズドライの日本食にも、カトマンズの日本食レストランの日本食（メニューに選択肢がいろいろあるにもかかわらず）にも、飽きるのである。困ったものだ。

さて、ショマレの集落を過ぎると、そこからは人の生活感がだんだんと感じられなくなる。トレッカーの荷物運びをしているポーター、大きな竹かご（ドッコ）に生活物資をぎっしり詰め込んで歩いている地元民、ヤク（３７００メートルあたりを超えるとゾッキョではなくヤクが登場する。ちなみにチベット語でヤクは雄牛のこと、雌はヌクを呼ぶとか）の隊列とすれ違うことも、少なくなっていく。風景もやや寂しげ、明らかに荒涼としてくる。このあたりの森林限界は4000メートルあたりだから、当然といえば当然かもしれない。風景の色彩からグリーンが消え去り、茶と白だけの世界へ突入である。

15時15分、**ディンボチェ**（標高4410メートル）村の宿、ホテルタシデレ（シェルパ語で「こんにちは」の意）に到着。レストランのストーブには火が入っていて暖かい。トイレもきれい。洗面所もある。居心地のよさそうなホテルである。ぼくの体調もすっかりよくなっている。この宿でもう一段階レベルアップした元気をもらおう。夕飯はダルバートを選択。この宿、食事もおいしいではないか！

ディンボチェもナムチェバザールと並んで、エベレスト街道を歩くトレッカーにとっては重要ポイント。ここから北へ向かえばエベレスト街道トレッキングのメインストリート。ロブチェ、ゴラクシェプを経て、カラタパールやエベレストベースキャンプに向かう道。東に進めばチュクンに向かい、ヒマラヤ一美しい雪ひだを持つオンビガイチェンを楽しめる道である。

いくつものホテル、ロッジが立ち並び、レストランやカフェ、土産物や雑貨を売る商店もある。この村そのものの居心地がよさそうだ。

4000メートルあたりが森林限界となる。樹々は姿を消し瓦礫ばかりの山肌となる。
正面の山はアマダブラム

街道のポイントとなる場所にはマニ石が置かれている。サンスクリット語で刻まれているのは経文である

天井に曼荼羅（仏教思想や悟りの境地を絵で表現）が描かれている建物にも遭遇する

COLUMN / NEPAL CUISINE

ネパールの食事、山の中での食事

ネパールは30以上の民族が共存する多民族国家。熱帯ジャングルから山岳部まで多様なルーツを持った民族が、それぞれにその土地に根ざした独自の文化を守り、独自の暮らしを営んでいる。当然、食文化のバリエーションも豊かである。

それでも間違いなく国民食と呼ばれる地位にあるのがダルバート。ダル（豆のスープ）とバート（米）の組み合わせによる定食である。カトマンズ盆地に暮らす人々は豆や米をよく食べる。タルカリ（カレー味の炒め物）、サーグ（青菜の炒め物）、アチャール（漬物）などが添えられることが多い。もちろん、味の決め手はスパイス。クミン、ターメリック、しょうが、にんにくなどお馴染みのスパイスの配合がポイントになるのだ。基本は野菜中心ではあるが、鶏肉入り、豚肉入りのダルバートも食される。

元来高地で暮らすチベット系民族の主食は小麦粉を用いたパンや麺だったのだが、今ではシェルパ族の多くも1日2食（彼らは1日3食でない人がほとんど）、ダルバートを食す人が多くなっているという。

1週間14食のうち13食以上がダルバートというのがネパール人の日常的な食生活なのだ。

本文中で書いた通り、山の中にあるロッジやレストランのメニューは、判で押したように同じメニューが並ぶ。ただ、選択肢は多い。モモ（ネパール餃子）、春巻き、トゥクパ（ネパールうどん）、チョウメン（焼きそば）のような伝統的なものから、ピザ、ミートスパゲッティ、サンドウィッチ、パンケーキ、オムレツなど西洋的なものまで、選び放題である。韓国の人気インスタントラーメン、辛ラーメンを置いてあるところも多かった。これは日々の味変を求める僕にはありがたい一品。


飲み物のメニューも豊富。基本はネパール土産の定番でもある紅茶だが、これには種類がいっぱい。ミルクティー、マサラティー、ジンジャーティー、ブラックティー、ハーブティー、チベットティーなど。少々割高になるが、コーラなどの炭酸飲料も置いてある。

カトマンズに戻れば、まずたいていのものは食べられる。庶民的な日本料理はもちろんのこと、鮨、高級インド料理、中華料理、韓国料理、フランス料理、イタリア料理など、なんでもござれだ。チベタンレストランで幻の宮廷料理ギョコク（スープに野菜や豆腐、肉団子などを入れて煮込む鍋料理）に舌鼓を打つというのも一興かもしれない。

右上／チキンの炒めものと野菜スープ　左上／ミートソースのスパゲッティ
右中／シェルパスープ　左中／ダルバート　右下/茹でたポテト　左下/チョウメン＆焼飯

右上／卵入り辛ラーメン　左上／これもダルバート、ネパールの絶対的な国民食。家庭、レストランによってそれぞれに特徴がある。右中／チキンハンバーグ　左中／モモ　右下／春巻き　左下／トゥクパ

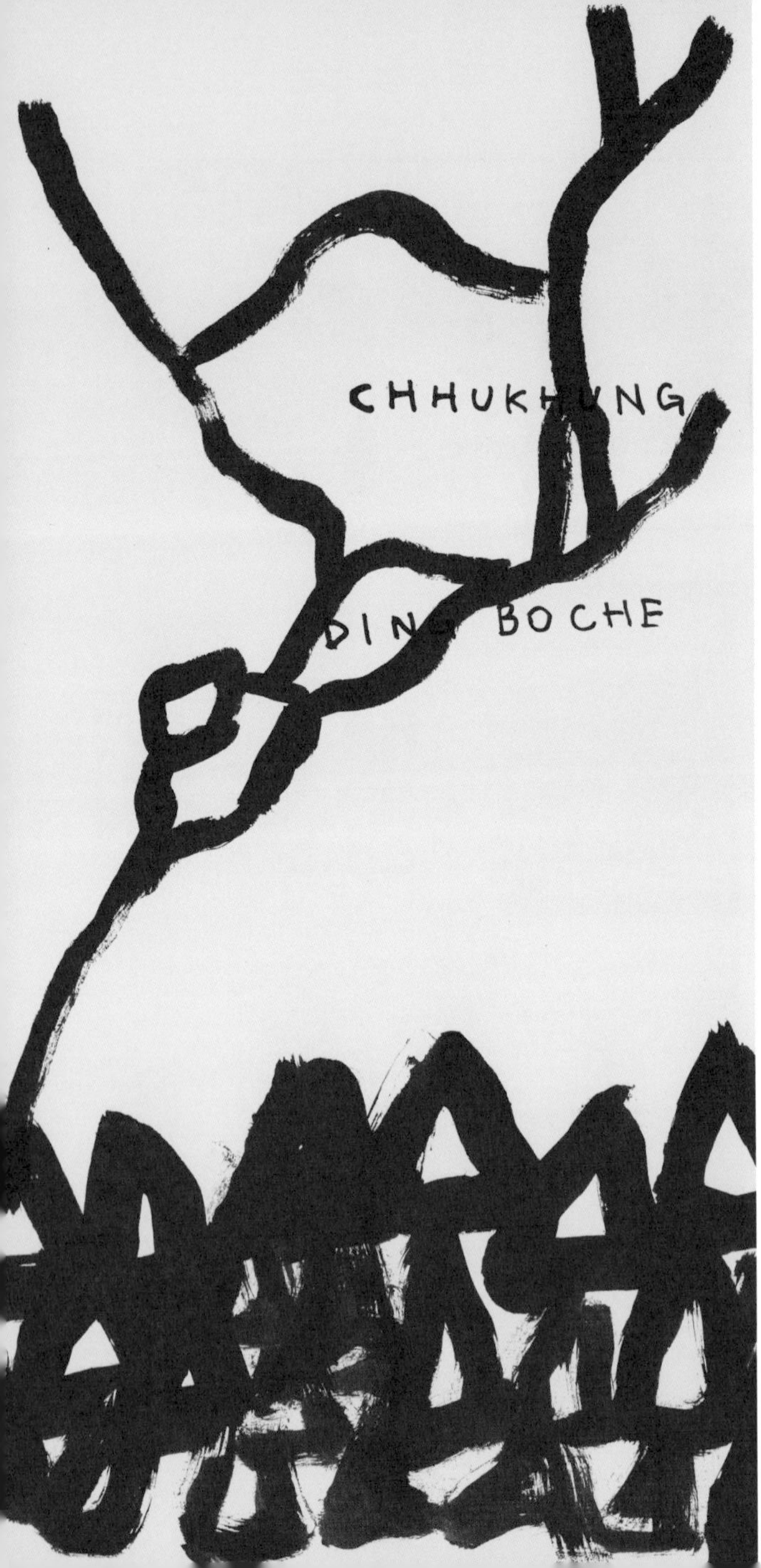

DAY9

11月8日 ディンボチェ→チュクン
4410M　4730M

7時起床。今日は移動距離が短いということで朝はのんびりムード。この日も快晴で、すっきりとした青空。村を囲む周辺の山々の姿が美しい。遠くにヒマラヤの雪ひだも望める。

出発はお昼過ぎということで、まずはディンボチェの村内を散歩。メンバーそれぞれに必要なものを買いに出かける。ほとんどの人が咳のしすぎで喉を痛めていたので、のど飴を購入。

僕はカトマンズのホテルに預けてきたスーツケースの中に、うっかり日焼け止めとリップクリームを置いてきてしまっていた。日焼け止めはルクラで購入していたのだが、ここまでリップクリームをつけずにいたら唇がガサガサヒリヒリ。ヒマラヤの強い日差しをなめていた。ここでリップクリームを購入。塗ったらバナナ味がするではないか。これ好きかもしれない。以後、毎日何度も唇に塗ったが、痛みがとれたのは下山のころになった。なにより早めの予防が大切である。痩せてしまってアウターパンツがずり落ちそうなので、ベルトも1本購入。

買い物後、山の中とは思えないほどおしゃれなカフェ「CAFE4410」でお茶&ランチ。内装はもちろんのこと、家具や食器にも気を遣っている。標高4410メートルにこれだけの建材や家具、食器を運ぶのには相当な苦労があったに違いない。

ここ、なにを食べてもおいしいと評判のお店らしい。チョコレートケーキにホットチョコレート、ピザを注文。これがイケてる。言い方は悪いかもしれないが、日本のコンビニのスイーツやピザのレベルを超えている。こういうものが毎日食べられたら（まあ、実際は何日かで飽きるだろうけれど）、食欲不振から脱せられるはずだ。おいしいものを食べると自然と元気が湧いてくる。

お昼過ぎにディンボチェを出発し、チュクンに向けてトレッキング開始。なだらかな高原の山道をゆっくりゆっくり登っていく。すでに森林限界は超えている。白と茶だけの色彩に紅葉した赤い植物群が際立つ。イムジャコーラ川の大きな渓谷をのんびりと歩く。

後方コンデリの奥にヌンブール（標高6959メートル）、中正面右手にヌプツェ（標高7864メートル、ヌプは西の意。エベレストの西方に位置する）とローツェ、正面にローツエシャール（ローツエの東峰）、アイランドピーク（標高6189メートル）、チョボル（標高6734メートル）、右手には雪ひだ（このあたりの雪ひだはヒマラヤひだと呼ばれる）が美しいオンビガイチエンが大きく見え始めてきた。雪ひだとは、積雪した雪の上にできる縦縞のこと。低緯度の熱帯地域の高山で見ることができる。日本でも観察可能だが、本家本元オンビガイチエンのヒマラヤひだは見事というほかない。

標高4410メートルにあるので
CAFE4410。ここではなにを食
べてもハズレなし

小川のわきに雪と氷の残っているところをいくつか渡河する。ゴールのチュクン（標高４７３０メートル）はもうすぐだ。

15時半、**チェクン**にある宿泊先のロッジ、カングリリゾートに到着する。洗面所はなく、それどころか蛇口も見当たらない。甕（かめ）の水をすくって用を足す。当然のことながら、高度が増すごとに環境は厳しくなっていくのだ。

昼間は風もなく、太陽の光が燦燦（さんさん）と降り注いでいるうちは暖かいのだが、日が落ちるとめっぽう寒くなる。明け方、外は当然氷点下20度以下まで気温が下がる。建物そのものは隙間風が吹くというほどでもないが、決して断熱性が高いといえるシロモノではない。ここのロッジでは窓際に置いておいたペットボトルの水が朝になると凍っていた。甕の水にもうっすらと氷が張っている。さすが４７００メートル超えである。

ちなみにこのロッジの標高は４７８０メートル。いつの間にか自分史上最高標高にいることに、到着後ずいぶん経ってから気づいた。食欲不振は相変わらずだが、頭痛はない。高山に強いことに感謝！

ローツェの山の上に雲が渦巻く。山頂には強い風が吹いていることだろう

オンビガイチェンの美しい雪ひだ。
このあたりの雪ひだが特別にヒマラヤひだの名で呼ばれることに納得である

DAY10

11月9日

チュクン→チュクンリ→ディンボチェ

4730M 5550M 4410M

CHHUKHUNG

DING BOCHE

さあ、今日はいよいよ人生初の５０００メートル超えの登山、チュクンリ（標高５５５０メートル）へのチャレンジである。挑戦するのはツアー参加者９人中４人。僕と50代女性のMさん、65歳で僕と同い年の男性Kさん、岩手から参加の70代女性Oさんの４人。

Mさんは多少咳はあるものの相変わらず絶好調。僕も咳以外は体調に問題なし。KさんとOさんは登山歴の長いベテランである。深い知識と経験がある２人だ。ただ、Kさんは39度超えの高熱のためデボチェに連泊して静養していたので、１日遅れでディンボチェに到着。今朝は４時出発で、ガイドとともにディンボチェからチュクンまで登って来て合流した。すごい気力である。まだ38度近い熱があるとか。当然、体調は万全そうには見えない。顔色も決してよくない。心配である。一方70代女性のOさんは、少し食欲は衰えているもののMさんと同様、ここまでずっと元気。日本百名山もキリマンジャロ（標高５８９５メートル）も踏破している豪傑である。

ちなみに体調に不安を覚えるSさん、Yさん、Jさん、Tさんの４人はチュクンリ登頂を断念。チュクンのロッジ周辺の散策など別メニューを選択。

風邪が治らないZさんは、Kさんとともに１日遅れでディンボチェに到着。ディンボチェで人。

チュクンリ登頂に同行してくれたガイドは、中山さんとチェパさんの2人。

7時にチュクンのロッジを出発。チュクンの地は巨大な山塊ともいえるローツェの懐に抱かれている。チュクンリ（リは頂上の意）登山は、方向的にはまっすぐローツェに向かって進んでいく感じだ。なだらかな山道をゆっくりゆっくり噛みしめるように登っていく。僕もだんだんと「ビスタリ、ビスタリ」の登山術が身についてきたようだ。

それでも、これまでの登りよりもずっと息が切れる。高地に強いと思っていた僕もスタスタとは歩けない。歩幅を小さくして、大きく息をする。深く息を吐き、たくさんの空気を取り込むことを心がける。明らかに空気がうすいことがわかるからだ。

歩いても歩いても前に進んでいない感覚にとらわれる。一つ丘を越え、二つ丘を越えてもなかなかチュクンリは姿を現さない。

やがて、なだらかな傾斜の大草原にたどり着く。四方を真っ白な美しい山々に囲まれた。この大草原を囲んでいるのは5000メートルを超える山ばかりである。

ここまでずいぶんと歩いたつもりだったけれど、経過時間は1時間弱。それでも白いローツエの前に、黒く尖ったチュクンリらしき山がはっきりと確認できるようになった。高度はちょうど5000メートルを超えている。人生初の5000メートル超えなので、なんだか感慨深い。

背景に、雪を戴いたごつついローツェの山容があるものの、歩いているのはゆるやかな斜面ののんびりとした大草原であることに違和感を覚える。浮世離れした少し不思議な世界に迷い込んだような感覚に襲われる。「ホントに、ここって標高5000メートルなのかな」って。

大草原を抜け、黒い岩がゴロゴロしている斜面にたどり着く。ここからは急勾配である。乾いた空気とうすい酸素を肌で感じる。咳が止まらない。足取りはますます重くなってきた。歩いても歩いても前に進んでいない感覚はより一層強くなる。それでも気持ちを確かに持って一歩一歩進んでいくしかない。

やがて、尾根の上にたどり着いた。今まで見えていなかった尾根の向こう側の山々が観察できる。綺麗な三角形の白い山プモリ（標高7165メートル）が美しい。ここまで来るとエベレストの西方の山々が一望できるのだ。ちなみにプモリはシェルパ語で娘の山の意。「エベレストの娘」と呼ばれる山である。

未知の風景に出合えて元気がでた。ところが、ここまで来て、大草原に出たところで見え始めた黒く尖がった山はチュクンリではなかったことが判明。その後方にチュクンリは隠れていたのである。でも、この尾根からはチュクンリ山頂がはっきりと確認できる。あと、ひと踏ん張りだ。でも遠い。もうそこに見えているのになかなか到達しない。今度こそ頂上だと思い、気力を振り絞って何度踏ん張ったことか。

頂上に、これでもかという勢いではためく五色の祈祷端（タルチョ）が見えた。11時40分、ようやく**チュクンリ**（標高5550メートル）への登頂のときがやって来たのである。メンバー全員から最高の笑顔がこぼれる。狭い山頂で思わず歓喜の舞を踊ってしまった。

目の前に見える巨大山塊ローツェとヌプツェの迫力は強烈。空気が乾燥し澄み切っているので、遠くの景色が驚くほど鮮明に見える。東には世界第5位の高峰マカルー（標高8481メートル）、西には世界第6位のチョーオユーが望める。

しばし登頂成功の余韻にひたりながら休憩の後、下山。登りはあれほどきつかったのに、下りはそれほどに感じない。大変さを感じないままチュクンを通過し、渓谷沿いののどかな草原の風景を楽しみつつ、一気に**ディンボチェ**まで歩く。到着は夕暮れ間近。風が冷たい。

正面の尖った白い山はアマダブラム。途中までその前の黒い尖った山がチュクンリだと思っていた

上／尾根の向こう側にエベレストの娘の異名を持つプモリが姿を現した
下／ローツェの夕景

上／岩稜地帯をエベレスト山塊に向けて黙々と進む
下／チュクンリ山頂で記念写真

DAY11

11月10日

ディンボチェ→ロブチェ

4410M　4910M

DING BOCHE

心休まる宿**ディンボチェ**のホテルタシデレを出て、村を見下ろす丘の上まで歩き、ここで用意されていた馬に乗る。疲れて歩けなくなったわけではない。ディンボチェからロブチェまでの道のりはエベレスト街道随一の絶景と聞く。この絶景を馬の上から眺めてみたかったのだ。歩くことに神経を使わず、風景を楽しむことだけに集中したかったのである。

料金は100米ドル。高いような高くないような。でも、初体験はなんでも楽しい。馬の上から見える光景は、歩いているときに見える光景とは明らかに違う。しかも、360度の視界をキョロキョロしながら楽しむことが可能だ。

確かにこの風景、エベレスト街道随一といわれるだけのことはある。どちらを向いても美しい。ゆったりとした草原の道をゆっくりと進む。進行方向左手からはタウツェ（標高6495メートル）とアラカンツェ（6423メートル）の迫力のある山容が迫ってくる。右手にはヌプツェ、右手後方にはアマダブラムである。

イムジャコーラ川をはさんで西側にタウツェ、東側にアマダブラム。二つの山がまるでエベレスト城の門番をしているように聳え立っているのだ。

ピラミッド型のそっくりの山が二つ並んだタウツェとアラカンツェは双子の兄弟のようにも

見える。どの山も魅力的だ。

イムジャコーラ川を渡り、トゥクラ（標高4620メートル）でランチ。ここではじめて日本人トレッカーの団体ツアー客と遭遇。彼らはすでにカラタパール登山をすませての帰り道らしい。ランチ後、標高差200メートルほどの急峻な山道を登りきるとトゥクラの峠（標高4830メートル）だ。ここで、再びしばしの休息。眺望も素晴らしい。

ここにはいくつもの慰霊碑が並んでいる。この慰霊碑は、エベレストで命を落とした多くの外国人クライマー（例えば、映画「エベレスト」に登場する公募ツアーアメリカ隊の隊長スコットフィッシャーなど）やシェルパたちの墓らしい。

ここから正面に見える白いピラミッド型の山プモリの存在感が大きくなってくる。左手にはロブチェピーク（標高6135メートル）も見えてきた。クンブ氷河を挟んで右手、巨大なヌプツェの存在感はそれこそ半端ない。

14時に**ロブチェ**（標高4910メートル）のロッジに到着。最後まで馬に乗っての登山。楽ちんこの上ない1日となった。

標高4910メートルは当然のように寒い。トレッカーたちは食堂のストーブの周りに集ま

山頂がこちらに向けて傾いているようにも見えるタウツェ。存在感抜群であるって暖をとっている。建物の中で暖かいのは、この食堂だけなのだ。ただ、食堂のストーブに火が入っているのは夕食のときまで。食後はすみやかに火が落とされ、宿泊客は追い出される。食堂はガイドたちの寝場所になるからだ。

このロッジも明け方の外の気温は氷点下15度以下。朝起きると窓際に置いておいたペットボトルの水は凍り、トイレの水甕（みずがめ）の表面に氷が張っていた。もちろん水道管も凍り、蛇口から水は出てこない。

ちなみに、トレッキング途中のレストランやロッジでの飲食の世話は、そのロッジのスタッフではなく、すべて同行してくれているガイドたちがしてくれる。どうやら、その代わりにガイドたちは飲み物や食べ物、泊まる場所を提供してもらっているのだと思われる。ガイドたちはトレッカーと一緒に食事をすることもない。お客さんが食事をした後、急いで自分たちの食事をとるのだ。また、途中のレストランや宿泊先のロッジの中でポーターたちを見かけたこともない。彼らは持参の食事をとり、ポーター専用の別の場所で寝泊まりをしているのだとか。大変な仕事である。

ロブチェに向かって馬で進む。プモリがはっきりと姿を現してきた

タウツェとアラカンツェを背景に馬上で記念写真。
このあたりはエベレスト街道のメインストリート

KARA PATTHAR

DAY12

11月11日

ロブチェ→ゴラクシェプ→カラタパール→ロブチェ
4910M 5140M 5550M 4910M

さて、このツアーの本来の行程は、ロブチェからゴラクシェプ（標高５１４０メートル）に登って、エベレストベースキャンプ訪問の後、ゴラクシェプに戻って宿泊。翌日早朝にカラタパール登山、エベレストの左肩から昇るご来光を拝むというものだった。

ところが、中山さんの「ゴラクシェプの宿泊施設はあまり快適とはいえない」「この時期のエベレストベースキャンプには一張りのテントも存在しないため、行ってもただ看板を撮影するだけになりますよ」の発言に、Mさんがするどく反応した。彼女はトイレ環境にすごくこだわるのだ。

「宿泊環境が劣悪な場所であるならゴラクシェプには泊まりたくない。看板だけを撮影するためにエベレストベースキャンプを訪れることにも意味を感じない。それなら、ロブチェから直接カラタパールに登ってロブチェに戻ってきたい」と言い出したのだ。僕も賛同した（僕だって汚いトイレは好きではない。特に日本の山小屋での和式トイレは超苦手。ただ、エベレストベースキャンプはエベレスト街道トレッキングの目玉の一つなのだから、行っておけばよかったかも、と少し後悔）。チュクンリを一緒に登ったOさんも、Kさんとも意見が一致した（他のメンバーは体調不良のままだったので、この日のカラタパール登山には参加せず）。

というわけで、予定変更し、ロブチェを出発。ただし、僕とMさんはロブチェからゴラクシェプまで馬で、OさんとKさんは歩いて登るというので、グループは二つに分けられた。僕は昨日の楽ちん登山がすっかり気に入っていたのと、二度目の5000メートル超え登山の前にあまり疲れたくないという気持ちが働いたのだ。

馬の方が出発は遅かったが、あっという間に徒歩組を追い越す。クンブ氷河沿いの河原のような道を、馬に揺られながらゆったり気分で登っていく。標高差は200メートルほど。それほど険しい山道ではないと高をくっていたら、ゴラクシェプの手前あたりから氷河地帯に突入し、大きな岩がゴロゴロ転がっている歩きにくい道になった。眼下には氷河の壮大な風景が広がる。

もちろん馬も、この大きな岩がゴロゴロの道は苦手そうである。急斜面は手綱をしっかり握っていないと振り落とされそうになる。ときには馬から降りて馬と一緒に歩かないといけないような箇所もあった。

それでも馬は優秀。徒歩組よりもかなり早くゴラクシェプのロッジに到着。カラタパールの麓には白い砂地が広がっている。お茶を飲んで徒歩組を待つことになった。ゴラクシェプのロ

ロブチェからゴラクシェプまでの道のりは、途中から巨大氷河の真っただ中を歩く

ッジは、想像していたような劣悪な環境には見えない。少なくともトイレは和式ではなかった。食堂ロビーには万国旗が飾られていて、各国の著名登山家たちの様々な置き土産が残されている。

1時間ほどして徒歩組も到着。ロッジで休憩をとった後、カラタパールに向け登山開始。登山口はロッジのすぐ裏手である。カラタパールは、後ろに聳えるプモリの尖った白い壁の前にある茶色のなだらかな山だ。傾斜のレベルは開いた傘のよう。見た目にはとってもやさしい山のように見えた。でも、実はゴラクシェプからカラタパールの頂上は見えていなかっただけ。最後、頂上間近になるとチュクンリ同様岩稜地帯になり、それなりに厳しい。

最初はゆるやかなジグザグの山道が続くが、そこはそれ、やはり5000メートル超えの山登り、楽ではない。3000メートル、4000メートルでは意識的にゆっくり歩いていた僕が、無意識のうちにロースピードになっている。ここでも乾いた冷たい風のせいか、咳が止まらない。空気のうすさを実感している自分がいる。

標高5300メートルを超えたあたりから、断然足が重くなった。風が強くて寒いのも辛い。それでも足を前に出し続けるしかない。チュクンリのときのような「今度こそ頂上か」という思いを何度か繰り返すうちに、無数の色褪せたタルチョがはためく**カラタパール**（標高5550メートル）頂上に到達。

さすがエベレスト街道トレッキングメインルートの最終目的地。澄み切った空には雲一つない。360度に素晴らしい光景が広がる。もちろん主役はエベレストである。クンブ氷河を挟んで向こうに圧倒的な存在感を示すヌプツェ。そしてその向こうに神々しいエベレストが顔をのぞかせている。

この大山塊が、かつては海の底にあったものだとはにわかには信じがたい。ヒマラヤの山々は富士山やハワイのキラウエア山のように火山の噴火でできた山ではない。ユーラシア大陸とインド亜大陸の衝突によって盛り上がったものだ。だから、エベレスト山頂付近で海洋生物の化石も発見されるという。今でもヒマラヤの標高は変化を続けているのである。

地層がぐにゃりと曲がってできた大山塊は、荒々しい迫力にあふれている。確かに大絶景である。大絶景であることに間違いはないが、ちょっと残念な気もするのだ。その姿は確認できるものの、僕の夢見ていた眼前に聳え立つエベレストではないからだ。まだまだ遠いと感じてしまうわがままな僕がいた。こうなったら、いつか6000、7000メートル超えを果たし

クンブ氷河の中を突き進む。すでに5000メートル超え。寂寥（せきりょう）とした風景が続く

ゴラクシェプのロッジ。万国旗がはためくロビーには有名登山家たちのたくさんの置き土産が……

SAVE THE HIMALAYAS

て眼前に聳え立つエベレストを見に行くしかないのかも……。

頂上でのランチは、強風を避けて、岩陰でもそもそと食べる。食欲はますます低下していた。

帰りは、下り嫌いの僕としては異例のものすごいスピードで一気に**ロブチェ**まで下山。それでも到着したころには、日が傾きかけ冷たい風が吹き始めていた。

ヘトヘトにはなったけれど、達成感を得たことは確かである。

右の白い尖った山はヌプツェ。奥の黒い山がエベレストだ。
なぜかヌプツェの存在感の方が大きく感じられる

DAY13

11月12日

ロブチェ→ゴーキョ

4910M　4790M

昨晩は中山さんの誕生日ということで、ロッジのシェフにバースデーケーキをつくってもらった。昨日のカラタパール登山出発前に頼んでおいたのだ。こんな山の上でもバースデーケーキをつくってくれるのである。しかも想像していたより、ずっとおいしい。やるじゃん！

楽しいバースデーパーティーの一夜となった。「おめでとう！ 中山さん」

でも、昨日は気づかないうちに大変なことが起こっていた。

カラタパールからの下り、僕とKさんは徒歩。MさんとOさんはゴラクシェプから馬にのった。しかし、この判断がMさんとOさんに不幸をもたらす。下りの馬は出発が遅れ、しかも大岩ゴロゴロエリアを通過するのにずいぶんと時間がかかってしまったらしい。何度も馬から降りて歩くことになったという。というわけで、ロブチェ到着が徒歩組よりもかなり遅くなってしまったのだ。登りでは馬が徒歩組を追い抜いたのに、下りでは馬が徒歩組に後れをとったのである。

昨日はすごいスピードで歩いている僕でさえ寒さを感じていた。馬上のMさんとOさんの寒さは半端なものではなかったはずだ。今までずっと、メンバー1元気だったMさんが風邪を引いてしまったのである。Oさんも少し体調を悪くしたみたいだ。山の寒さを甘く見てはいけな

いのである。今まで登山中はずっと暑いくらいだったから、馬上での寒さを防ぐためのちゃんとした防寒着を持参していなかったようだ。僕もザックの中にはフリースとウルトラライトダウン各1枚を入れているのみ。これで夕暮れの馬での下山、しのぐことはできただろうか。

さてMさん、Oさんの体調とは関係なく、僕を含めてこの3人は今朝のヘリコプターでゴーキョに飛ぶことになっていた。ここも当初の予定では、ロブチェからゾンラ（標高4830メートル）まで歩いてそこで1泊。ゾンラからクンブエリア最大の難所といわれるチョラパス峠（標高5368メートル）を越えて、タンナ（標高4700メートル）まで8時間ほど歩いて1泊。そこからゴジュンパ氷河を越えてゴーキョに行くことになっていたのだ。この行程が変更されたのである。

もともとKさんは、経験豊富なガイドのチェパさんと一緒に、テント泊1泊を含む行程でロブチェイースト山頂を目指すという別メニュー。九州から来た40代女性Tさんもすでに別メニューで行動している。彼女にはガイドのフラさんが同行している。

もともと体調不良者は全員、チョラパスの峠越えを避けるため、ヘリコプター利用を望んでいた。あまり見どころのない（失礼！これも考えてみたら、チョラパスの峠越えで4度目の

5000メートル超え、氷河渡河など貴重な体験ができたのではないかと少し後悔する）山道を、2泊3日かけて歩くのは避けたいということだ。これにMさん、Oさん、僕の3人も同意した。僕は体調に問題は感じていなかったが、ロッジの食事はもうこれ以上食べたくないというところまで追い込まれていたのだ。結局Kさんを除く全員が、別途費用がかかってもいいからヘリコプターを利用したいと要望し、予定変更となったわけである。

なるべくたくさんの人数で利用した方が1人当たりの負担が小さくなるのはいうまでもない。1機のヘリコプターに乗れるのは4人まで。僕たち3人とガイド1人（ディケさん）が乗るというのがもっとも効率的である。

体調のすぐれない4人は、今日カラタパール登頂に挑戦して、明日のヘリコプターに乗ってゴーキョに移動する予定だ。明日のヘリコプターにはツアーメンバーの4人が乗り、ロブチェイーストから降りてきたKさんとチェパさん、カラタパールに同行後の中山さんは歩いて峠を越えてくるつもりらしい。

僕たちは一足先に行ってゴーキョのロッジで待つことになる。

10時15分に**ロブチェ**を飛び立ったヘリコプターは、長大なゴジュンパ氷河や灰緑色の湖水を見下ろしつつ、山と山の間をあっという間にすり抜け、10時32分にはゴーキョに着陸していた。わずか17分の空旅だ。ただ、このヘリコプターからの眺めも格別だった。馬上の風景と同様に、視点が変わると風景も大きく様変わりする。

さすがクンブエリアの最高級リゾート地ゴーキョ。着いた瞬間からエメラルドグリーンのドゥドゥポカリ（ミルクの湖の意）湖の美しさに目を奪われる。白く輝くチョーオユー（ネパールと中国チベット自治区との境にある）の山容も神秘的である。

今夜の宿泊先、タンカ・イン・ゴーキョに入る。このロッジ、窓が二重になっているうえに、ストーブパイプが各部屋とつながっている（ちなみに、ロッジのストーブの燃料は牛糞を乾燥させたものを使用している。森林資材は貴重だからね）。夜にはストーブの火が消されるが、しばらく暖かさは持続する。部屋が暖かいというのはなんと幸せなことだろう。今までのロッジと比べると、格段に居心地がよさそうである。昼間だし、熱いお湯が出そうなので久しぶりにシャワーを浴び、髪を洗う。なんと気持ちのいいこと。陽光も燦燦と降り注ぐので、濡れた髪もすぐに乾いた。これなら風邪を引きそうにない。

この夜、ぐっすりと眠れたことはいうまでもない。

ロブチェからゴーキョまでヘリコプターでひとっ飛び。眼下に氷河と湖

太陽の当たり具合で様々な色に変化するドゥドゥポカリ湖。真冬になると凍結する

DAY14

11月13日 ゴーキョ
4790M

眩い朝日に爽やかな目覚め。ドゥドゥポカリ湖のターコイズブルー（湖面の色は光の当たり具合によって自在に変化する）の湖面がキラキラ輝いていることが、ロッジの窓からも確認できる。湖の向こうにはうっすらと雪をかぶったパリラプチェ（標高6017メートル）、左手には僕たちが登る予定のゴーキョリ（標高5357メートル）がどっしりと構えている。

いい朝だ。部屋が暖かいとこんなにも気持ちに余裕ができるものなのだろうか。朝食は韓国のインスタントラーメンの辛ラーメン（このラーメン、あちこちのレストランに置いてある。ネパールでは定番の商品である）に半熟卵をのせて、おいしくいただく。

Mさんは完全にダウンしたみたいで、閉じこもったまま部屋から出てこない。一昨日まではメンバー1元気だったのが嘘のようだ。Oさんは朝食にはやって来たが、体調はイマイチらしい。すぐに部屋に戻ってしまった。もし、2人が元気なら、ガイドのディケさんと4人でゴーキョリに今朝アタックする予定だったが、今日のところは見送り。このまま**ゴーキョ**で過ごす。とりあえず、ロブチェからヘリコプターでやって来る残りのメンバーの到着を待つことにした。

僕は陽光降り注ぐロッジのサンルームで読書タイム。暖かいって幸せなことだ、とここでもしみじみ思う。

ヘリコプターの音が聞こえてくるたび、湖畔のヘリポートの方を見るためにロッジの外に出るが何度か空振り。11時前に、やっと4人を乗せたヘリコプターが到着した。ところが、なかなか4人はロッジに姿を現さない。ロッジの外に出てヘリポートから続く湖畔の道を確かめてみる。そこに、それこそカタツムリのようなスピードで這うように近づいてくる集団を発見。

もともと体調の悪かった4人だが、今は完全に重病人のように見える。そのうち2人は、ほぼ自力では歩けないほど衰退している様子だ。

実は、僕とMさんは前の晩から心配していたことがあった。かなり歩くのが速い僕（僕はゴラクシェプまで馬だったけれど）とKさんが、ロブチェを朝に出てカラタパールに登り再びロブチェに帰って来たのは、冷たい風の吹き始めた夕刻4時半近く。果たして体調の悪い4人はカラタパールに登頂して日が暮れるまでにロブチェに戻って来られるものだろうか。無理なのでは？　と。心配は的中してしまったのだ。

4人のうち、お腹を壊していて、極度な食欲不振におちいっていた70代男性のSさんは、最初から参加せず。残り3人の70代女性（Zさん、Yさん、Jさん）は、馬に乗ってロブチェを出発。最初からつまずいた。約束した時間に馬がやって来ず、そもそもこの時点で1時間ほどスタートが遅れてしまったらしい。

比較的歩けていたZさんとYさんはゴラクシェプで馬を降り、歩いてカラタパール山頂へ。残りの1人Jさんも歩いて登ろうとしたが、無理だと悟り、あわてて馬を用意。馬で山頂まで行ったJさんは、そのままロブチェまで馬で帰ったので、夕方には着くことができた。

問題は残りの女性2人である。カラタパールへの登頂を果たし、ゴラクシェプに帰って来たときにはすでに18時近かったという。すでに日暮れは近い。体調のおもわしくない2人の歩行スピードは、極端に遅くなっていたのだ。

時は戻り、2日前の11月11日、ロブチェでのYさんの血中酸素濃度は57。もちろん、このままの数値ではカラタパールに登ることはあきらめてもらうしかない。それが翌日12日には、63にまで回復した。通常ならそれでも登頂を断念すべき数値なのだが、体調不良の症状が一切なく、食もすすんでいたため、中山さんは馬を使っての登頂にチャレンジすることを決めた。せっかくここまでやって来たのだ。悩んだものの、エベレスト街道トレッキングのメインメニューともいえるカラタパール山頂に連れていってあげたいという気持ちの方が勝ったのである。

中山さんは出発前から、カラタパール登頂後、日が暮れるまでにロブチェに帰れるとは思っていなかったようだ。メンバーにも「ロブチェへ戻れるのは19時から20時くらいになると思いますが、人生一度の挑戦だと思って頑張りましょう」と伝えていた。

ゴラクシェプでの宿泊は最初から考えていなかった。血中酸素濃度の低いYさんを、長時間5000メートル超えのゴラクシェプに滞在させるのは危険だからである。危険回避のためには一刻も早く高度を下げるしかない。

さて、下山である。すでに馬を用意できる時間ではない。中山さんとZさん、Yさんはそろりそろりと歩いて氷河越えを始める。闇に包まれた山道ほど怖いものはない。それでも2時間から3時間ほどでロブチェまで帰れると中山さんは考えていた。

ところが、ここから地獄の時間が始まってしまう。

まず、ゴラクシェプを出てすぐの大岩ゴロゴロの山で道に迷ってしまったのだ。ここは道という道になっていないところが多い。昼間でもはじめての人なら迷ってしまうような場所である。もちろん中山さんは何度もここを登り下りした経験がある。それでも迷ってしまったのだ。一度下ってきた道を間違って登り返してしまったのである。30分ほどして間違いに気づきあわてて引き返す。

　このころ2人の体力は限界に近づいていた。スピードが上がらないどころか、立ち止まって歩けない状態にも何度かなったようだ。最初は比較的歩けていたZさんも、食べ物を口にすることができず（唾液が出ず、食べ物が飲み込めない）、低体温症のようになってしまっていた。中山さんは3人分のザックを担ぎ、懸命に声をかけ続けるが、2人は思うように動けない。このコース、氷河越えの後はなだらかな下り坂だけが続くのだが、まったくペースが上がらないのだ。

　とんでもない寒さが2人の体力と気力を奪っていく。中山さんは途中、2人のうちの1人をおんぶしようとしたらしいが、3人分のザックを担いだまま大人の女性をおんぶして歩くことなど現実的ではない。

　どんなに時間がかかっても、一歩ずつ自分の足を前に進めていくしかロッジに到達する方法はないのだ。少し歩いて、しばらく休む。少し進んで息を整える。これを繰り返すこと10時間余り。3人は午前4時半、ようやくロブチェのロッジに到着した。

　2人は何度か死を覚悟したという。へたり込んでしまい、「もう動けない。このまま私をここに置いて行って」と言い出したこともあった。

それでも気力を振り絞って、立ち上がり歩き続けたからこそ生きて帰って来られたのだ。ロブチェのロッジの明かりが見えるところまでたどり着いたとき、中山さんは3人分のザックを担いでロッジまで走り荷物を置いてから2人のもとに戻り、最後は2人を交互におんぶしてロッジまで連れ帰って来たのだとか。

事故はほんのちょっとした判断ミスが引き起こすのだと思わざるを得ない。中山さんの反省は、「カラタパール出発前にもう1日ロブチェで休養する」か「往復馬を利用する」のどちらかを選択すべきだったというものだ。

でも、よかった。生きて帰って来られて本当によかった。

ゴーキョの生活環境は、今までと比べればダントツでいい。まずはしっかり休んで体力が回復することを祈るばかりだ。この日のゴーキョは、全員休息の静かな1日となった。

ドゥドゥポカリ湖畔を散歩するベニハシカラス

DAY15

11月14日

ゴーキョ→ゴーキョリ→ゴーキョ

4790M　5357M　4790M

GOKYORI

突き抜けるような青空。ネパールに来て以来ずっと好天が続いている。僕たちのエベレスト街道トレッキングが始まったのは11月。10月よりも少し気温が下がって夜の寒さに悩まされてはいるが、今年のヒマラヤの天気は11月の方がいいようだ。用意した雨合羽は未使用のままずっとザックの底に沈んでいる。

さて、今日は5000メートル峰最後のチャレンジ、ゴーキョリへの登攀（とうはん）である。参加するのは、僕とOさん、昨日ヘリコプターに乗って1日遅れでやって来た70代男性のSさんの3人。ディケさんがガイドにつく。Sさんは、居心地のいいロッジでの休息がよかったのか、少し元気になったみたいだ。Sさんにとっては今回のトレッキングではじめての5000メートル峰への挑戦である。成功してほしい。

ロブチェから一緒にやって来た女性3人組は全員相当具合が悪そうで、体調が回復しないMさんとともに、それぞれの部屋で寝たきり状態である。歩いてゴーキョに向かっているKさん、中山さん、チェパさんたちは、まだロブチェから到着していない。

ゴーキョリは灌木（かんぼく）と枯草だけの薄茶色の山。登山口は湖畔沿いを歩いてヘリポートのわきを抜けたあたり。

朝8時、**ゴーキョ**を出発。5000メートル峰経験3度目の僕とOさんは、快調に山を登っていく。ところがこの2週間、ほとんど絶食に近い生活を続けてきたSさんは、なかなか思うように動けない。かなりのロースピードで歩き、たびたびSさんを待つために立ち止まるのだが、追いついてこられない。Sさんも辛そうである。結局Sさんは、ゴーキョリを3分の1くらいまで登ったところで登頂を断念することになった。

高いところから見下ろす、ターコイズブルーのドゥドゥポカリ湖、大きくうねる鼠色のゴジュンパ氷河の風景は十分に魅力的。途中まで登ったSさんも、この風景を楽しめたに違いない。ただ、青空は広がっているのにエベレスト（ヌプツェは見えているのだが）やチョーオユーの方向には雲がかかっている。これまで、雲に視界を遮られることがない幸運が続いていたのだが、残念である。

いつものように、今度こそ頂上か、という山稜をいくつか越えて、いくつもの大きな岩が重なる**ゴーキョリ**の山頂（5357メートル）に11時前には到達。どこの山頂にも多くのタルチョがはためいているが、ここのタルチョは驚く量である。岩から岩へと渡した紐に、それこそ無数の祈禱旗がつけられ強風にあおられている。青、白、赤、緑、黄の五色旗。青は空、白は風、赤は火、緑は水、木は地を表す。この量のタルチョに囲まれていると、僕もチベット仏教に守られているような気持になる。

ありがとう！　これで三つ目の５０００メートル峰も制覇することができた。爽快である。

登山途中からの風景も素晴らしかったが、山頂からの３６０度大パノラマはそれこそ圧巻。息をのむ美しさである。まさにここは神の領域だ。群青の空は乾き切っている。この空の果ては、まっすぐに宇宙へとつながっているに違いない。

これまで見てきたいくつもの絶景の中では、ここが一番魅力的かもしれない。チュクンリからもカラタパールからも、迫力のある大山塊を間近で感じることができた。でも、ゴーキョリはそれぞれの山塊からそれなりの距離があるため、空間に大きな広がりが感じられる。とてつもなく雄大なヒマラヤの山の世界を実感できるのだ。丸い巨大な地球のほんの小さな先端にポ

ツンと立っている自分がそこにいるのである。

ゴーキョに下山してランチ。居心地のいいロッジでゆったりとしたときを過ごす。Oさんはお昼寝。

他のメンバーは部屋から出てきて食事をする元気もないようだ。相変わらず僕の血中酸素濃度は90前後と高い。高山病に強い体質に産んでくれた親に感謝である。

お昼過ぎには、ロブチェから歩いて峠を越してきたKさん、中山さん、チェパさんもロッジに到着。彼らの下山は1泊2日の強行軍である。Kさんは39度近い高熱でありながら、ロブチェイーストの登頂に成功したらしい。鉄人である。

登山経験が豊かなKさんも、6000メートルを超えると意識が朦朧として（高熱のせいもあると思うが）、すべての動きがスローモーションになり、靴紐さえまともに結べなくなったという。経験豊富なガイド、チェパさんの献身的な助けがなければ成功は覚束なかっただろう。

僕も5500メートルまでは大丈夫でも、6000メートルを超えればそうなるのかもしれない。そうなると、8000メートル超えは夢のような話である。

ゴーキョリ山頂からドゥドゥポカリ湖を望む。民族衣装に身を包む二人がまるでモデルのよう

ゴーキョリ中腹からエベレスト山塊方向を望む。エベレスト山頂は残念ながら雲の中

ゴーキョリ中腹からパリラプチェとドゥドゥポカリ湖

ゴーキョリ山頂からエベレスト山塊を含む東側の山々に目を向ける

雲に覆われてしまったエベレストとヌプツェ。それでもその存在感は半端ない

ゴーキョリ山頂から西南方向の山々を望む。大きく流れていく氷河が印象的

DAY16

11月15日

ゴーキョ→ルクラ→カトマンズ

4790M　2840M　1400M

LUKULA

ゴラクシェプからの下山で、朝4時半まで歩き続けたZさんとYさんの体調はかなり厳しい状況である。昨日はゴーキョリへの登頂にチャレンジしたものの、この2週間ほとんど食べ物を口にしていないSさんも衰弱しきっている。3人とも70代。全員山のベテランなのだが、今回のトレッキングでは運がなかったようだ。昨晩のうちに、ヘリコプターによるカトマンズの病院までの緊急搬送が決定していた。

もちろん、体調が回復しないMさんも、疲労困憊の女性Jさんも、ここからルクラまで歩く意欲も体力もない。ヘリコプターで帰ることを選択した。

問題は僕とOさん、Kさんの3人である。もともとの旅程はゴーキョからドーレ（標高4110メートル）まで下りて1泊、ドーレからナムチェバザール（標高3440メートル）に下りて1泊、ナムチェバザールからパクディン（標高2610メートル）まで下りて1泊、パクディンからルクラ（標高2840メートル）まで登ってカトマンズ行きの飛行機に乗り込む、というものだった。ルクラから問題なく飛行機が飛んだとして、カトマンズへの到着は4日後。天候不良で飛行機が欠航（よく欠航するらしい）するようなことになれば5日後か6日後になる。

僕もOさんも、昨日のゴーキョリ登頂成功で、なんとなくエベレスト街道トレッキングをそれなりに制覇した気分になっている。2人とも歩くことは苦にならない（しかもほとんど下り道）。もともと山歩きをするために遠くネパールまでやって来ているのだから、みんながヘリコプターで帰っても、自分たちは歩いて下山するべきではないかと悩んだ。

ただ、僕は山のロッジのとんでもない寒さの中での宿泊と、毎日の代わり映えのしない食事をあと5日間も続けるのは耐えられないと思い始めていた。ヘリコプターで帰ることを選択する。Oさんも、僕が抜けてたった一人での下山は辛いと思ったのか、同調してくれた。このあと見どころらしい見どころはないと判断したのだ。

ということで、高熱のままロブチェイースト登頂を見事に果たしたKさんのみ、歩いての下山ということになった。今日、僕たちと一緒にヘリコプターに乗ってしまうと、Kさんはゴーキョリにも登れなくなってしまう。ディケさんとKさんがコンビを組んでゴーキョリへ登頂、その後ルクラまで歩いて下山という段取りとなった。彼はあくまで歩いてすべてのコースを制覇したいのである。

Kさんの頬はあきらかにこけている。高熱でのロブチェイースト登頂の疲労も理由の一つだろうが、傍目で見ている限りでは、この人もかなりの食欲不振であるとしか思えない。僕と同じように代わり映えのしない食事がきっと辛くてしょうがないのだ。どこのロッジ、レストランでも、出てきた料理を無理矢理口の中に押し込んでいるように見えた。僕もこの時点で8キロ以上は痩せていた。間違いなくKさんは、それ以上に痩せている。それでもこの先、山小屋泊まりのトレッキングをあと5日以上続けるというのだから、脱帽である。

ヘリポートで、ここまでお世話になったポーターたちに別れを告げる。僕らがヘリコプターでのルクラ行きを選んだため、彼らはかなり早めに仕事がなくなってしまったのだ。心ばかりのチップを一人ひとりに手渡し、握手をし、抱き合った。少し感傷的な気分になる。

9時ちょっと前に**ゴーキョ**を出発。ヘリコプターはドゥドゥポカリ湖に向かって飛び立ち、4000メートル、5000メートル級の山と山の間を縫うように進んでいく。眼下には灰色の氷河、いくつもの湖、樹木の生えていない荒涼とした山々、エベレスト街道沿いの川や集落が見える。のどかとはほど遠い。険しい山間、渓谷だ。確かに、これを自分の足で歩いたら何日もかかりそうである。

ヘリコプターはわずか40分ほどで**ルクラ**に到着した。

ゴーキョのヘリポートから離陸する救命ヘリコプター。後方のチョーオユーの佇まいが美しい

緊急搬送を要する病人をのせたヘリコプターは、待ち時間もなく、すぐにカトマンズへ向けて離陸。僕とMさん、Oさんの乗るヘリコプターは5時間待ちの末（もう今日中には帰れないと諦めかけていたころ）、やっとやって来た。ただ、ルクラ、カトマンズ間のヘリコプターからの眺めも最高だった。飛行機の窓から見た景色よりもより鮮明である。おかげで歩かなかったことへの後ろめたさも飛び去る。

16時過ぎには**カトマンズ**のホテルに到着。予定よりも5日も早い帰還である。

17時過ぎには日本食レストランでおいしいかつ丼を食べていた。こんなおいしいかつ丼、人生初である。溜まっていた洗濯物も街のクリーニング屋さんに出してきて（大きなビニール袋にいっぱいの洗濯物で料金は200ルピー、日本円にして200円ちょっとだ。安い！）、お湯をいっぱいにためたお風呂にゆったりと浸かる。

暖かい部屋、熱いお湯の出るお風呂、食べたいものをなんでも食べられる環境。まさに天国である。酸素が半分しかないところから帰還したのだ。酸素がたっぷりというのも天国の条件かもしれない。

ヘリコプターから撮影したカトマンズ郊外の街並み

DAY17-22

11月16～21日

カトマンズ
1400M

途中ヘリコプターを2回も使ったので、予定より5日も早くカトマンズに帰って来た。航空券のスケジュール変更は可能だが、それだと結構な変更費用が必要となる。入院した3人はもちろんのこと、ツアーメンバーの全員が当初の予定通りの帰国スケジュールを選択した。僕も同様である。ゴーキョから歩いて下りてくるKさんを除いて、1週間のカトマンズ滞在の時間ができた。

トレッキングとは直接関係ないことなので、ここから1週間についてはカトマンズ滞在をどう過ごしたか、かいつまんで記していこうと思う。

16日午前中は、緊急搬送されて入院した3人のメンバーのお見舞い。極端な食欲不振だったSさんは今日退院。回復が早くてよかった。残りの2人（ZさんとYさん）とも話をすることはできた。かなり衰弱しているようには見えるが、命のかかわるような状況ではない。少しホッとする。

午後は日本食レストランで僕の会社の元スタッフと再会し、会食。エベレスト街道トレッキングがいかに過酷だったかをお互いに報告して、慰め合う。メニューは念願だったなべ焼きうどん。ただし、昨日のかつ丼ほどの感動はない。

食後、ガイドと元スタッフおすすめのマッサージ店を3軒ほど見学。そのうち、一番印象のよかった1軒に明日の予約を入れる。あとは登山用品のお店を冷やかして歩く。カトマンズのタメル地区には登山用品のお店が多いのだ。ハイブランドの商品が驚くほどの安値で売られている。当然すべて偽物であるが、店員はハイクオリティイミテーションだとうそぶく。確かにクオリティは高く、本物と見分けがつかない（少なくとも僕には）ものも多い。

夕方はホテルのそばにある理髪店で髭剃り。伸び放題だった髭をきれいさっぱり剃り落としてもらう。爽快である。丁寧なヘッドマッサージ付きで300ルピー（日本円で330円くらい）。安くて気持ちよくて大満足！

17日は、朝一で予約していた評判のマッサージ店、シーイングハンズネパールへ。盲目のマッサージ師たちで運営しているお店だ。まさに按摩という言葉がぴったりの世界。薄暗い個室での1時間の丁寧な施術で身体はヘロヘロ。僕はもともとマッサージが好きな方ではない。身体を癒しにいっているのか、いじめにいっているのか、ときどきわからなくなってしまう。今回は完全に暇つぶしのためのマッサージなのである。

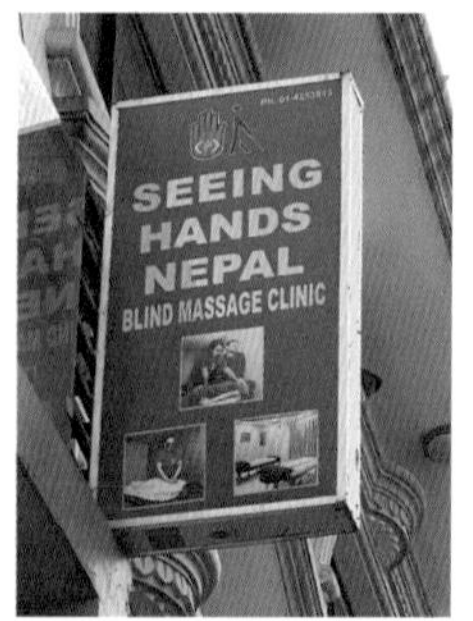

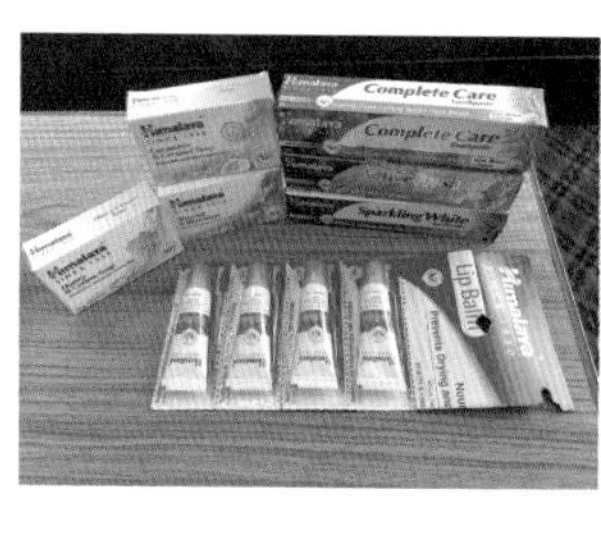

ホテルに帰ってぐったりした身体でベッドに横になったら、あっという間に眠りについていた。お昼に起きてランチから帰ってきて、再びベッドに横たわったらまたすぐに夢の中。

なんだろう、このぐったり感は！

実はマッサージ中、何度か自然と「痛い！」の声がもれた。そのたびに言われたのが「ノーペイン、ノーゲイン（痛みなくして効果なし）」。本当になにか効果を得られているのだろうか、僕。

18日、朝から1時間余り、埃っぽいカトマンズの町を黙々と歩いて、地元大型スーパーマーケットのバートバテニへ。5階建てで、スーパーマーケットというよりはデパートの趣き。お客さんも富裕層っぽい。ネパール土産の僕の定番であるヒマラヤブランドのリップクリーム、歯磨き粉、石鹸などを大量に買い込む。

午後は暇つぶしのマッサージ店行脚の2店目。ジャグジー&サウナ付きのマッサージ店へ。店の看板には女性が笑顔でサービスを受けている姿が写っているが、店内は男性客だらけ。マッサージ師は昨日とは真逆（昨日は高齢盲目の男性）の、若い女性。なかなかの美人だ。これが流行っている理由なのかも。

ただ、技術は明らかに劣る。力任せにグイグイ押してくるのだが、まったくツボに効いている気はしない。間違いなく「トゥーマッチペイン、ノーゲイン（痛すぎて効果なし）」である。

19日は、Mさんがようやく体調不良から復活。2人で朝から観光にいそしむ。まずはガーデンオブドリームス。元陸軍元帥の建てた宮殿跡。カトマンズの喧騒から逃れて、庭園の緑に包まれ心がなごむ。続いてナラヤンヒティ王宮博物館。2001年に、ヒレンドラ国王一家5人を含む王族10人が、皇太子によって射殺されるという痛ましい事件があった現場である。この事件が2008年の王政廃止へとつながっていく。宮殿内の撮影は禁止だが、見どころは満載。

午後はタクシーに乗って、ネパールにおけるアーユルヴェーダの総本山ともいえるアーユルヴェーダヘルスホームへ。3日連続のマッサージ体験。苦手だけど大切な時間つぶし。ここで出されたハーブティーが、いまだに止まらない咳に効きそうと購入。お値段なりの本格派、丁寧なマッサージ。じっくりたっぷり揉みほぐしてもらった。

20日は、入院している2人を除く6人（Kさんも無事ゴーキョから帰還）で、王道カトマンズ観光。ホテルのあるタマル地区から歩いて南下。アサンチョーク、インドラチョークを経由してダルバール広場へ。旧王宮やシヴァ寺院、クマリの館のある場所だ。生き神クマリは、ネパール仏教の僧侶カーストの家から、初潮前で怪我や病気のない利発な美少女の中から選ばれる。今回で三度目のクマリのご尊顔拝謁となったが、最初のときほどのありがたみはない。クマリ様もあまりやる気のないご様子。

午後は盲目のマッサージ師のお店、シーイングハンズネパールを再訪。なんだかすごく気持ちがよくて、ベッドに横になって5分もしないうちに寝落ち、そのままマッサージは終了。得したような損したような複雑な気分になる。

夜は、チベットでは幻の宮廷料理と呼ばれる鍋料理ギャコクの夕食。

21日、午前中はメンバーの中で最後まで入院していたYさんを迎えに病院へ。無事退院。よかった。これで全員揃って日本に帰れることになった。

午後はタメル地区にあるシネコンで映画鑑賞。雑踏からちょっと横道に入ると、こんなにもおしゃれなショッピングモールがあるのだということに驚く。そのあたりは何度も歩いていたのに、そのショッピングモールの存在にはまったく気づいていなかったからだ。窓口でおすすめ映画を聞いたら、なんとエベレスト街道を歩きカラタパール、エベレストベースキャンプを目指す60代の男

たちの物語だった。インド映画である。言葉がわからないので、全編歌って踊りまくるインド映画であることを期待したのだが、歌って踊るのは冒頭のシーンだけ。かなりシリアス。役者のレベルも高く、言葉がわからなくても話の大筋はなんとなく察することができる。しかも、主人公たちは苦しみながら、ルクラ、ナムチェバザール、ディンボチェ、ロブチェ、エベレストベースキャンプと、ほぼ僕たちが辿った行程と同じ道を歩むのだ。なんともタイムリー。

ただ、納得がいかないことがいくつか。まず映像には、あれだけウンチだらけだった山道のウンチが一つも写っていない。そんな馬鹿な。どこもかしこもめちゃ綺麗である。撮影前に徹底的に掃除したに違いない。主人公たちの泊まる宿が、とんでもなく豪華であることにも違和感を覚えた。部屋が広く、立派な調度品。しかも、寝袋も使わず毛布1枚で眠りにつくのである。そんな馬鹿な！

この映画を観て、エベレスト街道トレッキング、案外ちょろいかもと思われたらなんか悔しい。でもまあ、面白かったのでよしとする。一応主人公たちは、悪天候で死にそうな目にあうけれど、あんなに恵まれた環境で山登りできるなら、オレはエベレストのテッペンまで行っちゃうよ。

庭園の緑が美しいガーデンドリームス

右上／適当すぎる配線　左上／シーイングハンズネパール
右下／映画のポスター　左下／街中の祭壇

ダルバール（宮廷）広場にて。ネパール国旗（月は平和、太陽は光、赤は国、青は海と空を表す）

EVEREST

DAY23-26

11月22〜25日

カトマンズ→シンガポール→東京

22日は、帰国前日ということで、カトマンズでお買い物タイム。ガイドの中山さんやチェパさんが、おすすめのお店に連れて行ってくれた。まずは、はちみつとお茶のお店。ネパールの定番土産だが、これには興味がないので僕は傍観。ランチはダルバートがおいしいレストラン、タカリバンチャ。このダルバート、これまで食べたダルバートの中ではダントツにおいしい。しかも値段は一番安い。カトマンズ再訪が叶うなら、必ず再訪したいお店である。

午後は何組かに分かれて登山用品やお茶屋さん、はちみつ屋さんへお土産屋さん巡り。僕は冬用のアウターパンツを持っていなかったので、チェパさんに付き合ってもらい1本購入。日本の3分の1くらいの価格だが、確かにつくりがしっかりしている。まさにハイクオリティイミテーションの一品である。

夜は、今までお世話になったガイドたちを交えてのお別れ&感謝パーティ。伝統的なネパール料理をいただきながら、ネパールダンスを楽しむレストランだ。僕は昨日のショッピングモールで、ネパールナンバーワンを名のるテイラーから購入した、白い正装用ジャケット(日本では着るチャンスがなさそう)で参加。このジャケット、レストランの女性スタッフに大好評。

どこかの王族に間違われたのかもしれない。何人かと記念写真。やたら目立ってしまって、最後にはステージに上がって一緒にダンスをするはめにもなってしまった。

23日、僕以外のメンバーはマレーシア航空を利用するということで、一足先にホテルを出発。この一行を見送った後、あてもなくカトマンズを散策。昼は豚丼、夜はカレーライスを食べて出発のときを待つ。

23時10分発のシンガポール航空で、**シンガポール**空港に到着したのが早朝6時半。そこから、日本行きのフライトまで、なんと24時間5分待ちである。

特典航空券取得の関係で、こんな馬鹿馬鹿しい行程となってしまった。コロナのおかげでずっと海外に出かけることができず、たんまりマイレージが貯まっている。どうしても使いたかったのだ。考えてみれば、そんなにビジネスクラスに

こだわらなくても、7時間ほどのフライトなのだから、エコノミーにしてさっさと帰ってくればよかったと深く反省。

そもそも、いくらシンガポール空港が居心地のいい空港だったとしても、24時間以上も空港内をウロウロしているわけにもいかない。一度出国してシンガポールの市内観光にでかけることも考えたが、面倒になった。疲れているし、まったく寝ないというわけにもいかない。結局、空港内のトランジットホテルにチェックイン。これが結構なお値段。それでもシャワーを浴びてベッドにもぐり込んだら、速攻眠ってしまっていた。

翌24日、幸いにも寝過ごすことなく4時起きで6時35分発の全日空便に乗り込み成田国際空港へ。到着は25日の14時半となった。

あとは一路東京の自宅まで帰るだけ、と思ったらPASMOが見当たらない。スーツケースをひっくり返してPASMOを発見するまでに30分を要し、やっとこさ京成スカイライナーの座席にへたり込む。

家族は誰も、僕のご帰還を待っていないような気もするけれど、もうすぐご主人様のご帰還である。

あとがき

ヒマラヤは古代サンスクリット語で「雪の住処」を意味するとか。

エベレスト街道トレッキングに行く前、中山さんから、「もし、柳谷さんがエベレストの頂に立ちたかったら、雪山登山と体力増強のためのトレーニングに取り組んでもらいます」と言われていた。

ネパールから帰国後、エベレスト山頂を目指す決心はつかず、佐賀旅行（47都道府県の中で唯一観光したことのない県だったので、幼馴染に付き合ってもらった）に出かけたり、大学時代の友人と日本海沿岸の温泉巡り、城巡りを楽しんだり、テニス仲間と北海道でのスキーを満喫したり、ともかくのんびり日々を過ごしていた。

帰国後はじめて山に登ったのは、年が明けた2月中旬。町田グラウス山の会のメンバーに誘ってもらい、三浦アルプスの縦走に出かけたのだ。エベレスト街道トレッキング出発前の5月、熊野古道中辺路の途中の山中で、めちゃくちゃ楽しそうにトレッキングをしている山の会のメンバーに出会い、8月にメンバーに加わらせていただいたのだが、これまで一度も会の山行に参加していなかったので、声をかけていただいたのである。

やっぱり山歩きは楽しかった。テニスやスキーも楽しいけれど、山歩きの楽しみはまた格別なものがある。

調子に乗って、4月に町田グラウス山の会の雪上訓練（講師1人に生徒2人という恵まれた環境）に参加させてもらった。はじめての雪山登山である。初日、アイゼンを履いての歩き方、登り方、ピッケルの使い方、滑落停止の方法、ロープの結び方などの講習を一通り受け、翌日谷川岳山頂を目指すというメニューである。

登り始めはどんよりとした曇り空だったが、頂上が近づくにつれて太陽が顔を出し始める。お昼過ぎには谷川岳のトマの耳、オキの耳の両方に無事登頂。このころには空は突き抜けるような青色に変わっていて、山頂からの眺望は100点満点。ほんの少しでも神々の領域に足を踏み入れることができたのではないかと思った、5000メートル峰の頂から望んだ大絶景に勝るとも劣らない。ニッポンの山々にも神は宿っているのだ。間違いなくニッポンの山々も美しい。

でも、これは中山さんの求めている雪山トレーニングとは違うよね。雪山ではあるけれど冬山ではない。天気もよくて、吹雪いてもいない。それほど寒くないのだ。頂上でお弁当を食べられたもの。テントじゃなくて山の家に泊まったし、寝袋ではなく布団で寝た。温水便座付きのトイレも快適。そしてなにより食事が最高！　土合山の家の夕食、身がたっぷりの蟹に、牛肉の陶板焼き、と超豪華。僕が一番の課題だと考えている山での食生活問題がクリアされている環境なのだ。

うーん、この環境で山に登れるなら、喜んでエベレスト山頂を目指すのだけれど……。

谷川岳登山の途中、何度か不気味な雪崩の音を聞いた。遠くに聞こえる音なのに、ほんの少し背筋がゾッとする。谷川岳の遭難死亡者数は世界一（累計は800人超え。8000メートル峰14座での累計死亡者は600人ちょっとだとか）らしい。夏でも雪を戴く高峰登山と死は、間違いなく隣り合わせにあるのだ。とんでもなく過酷な環境と、全身全霊をかけた自分との闘い。だからこそ、山は「自分が確かに生きている」ということを教えてくれる存在なのかもしれない。

つまりは、申し分なく魅力的なのである。

エベレストの最年長登頂者は男女ともに日本人である。男性は2013年、80歳で三度目の登頂を果たした三浦雄一郎。女性は２０１２年、73歳で登頂した渡邉玉枝だ。渡邉は２００５年に腰椎骨折の事故の後、辛いリハビリを経てからの登頂。しかも彼女のサポートはカメラマンとわずか３人のシェルパのみ。お見事としかいいようがない。

２人に共通するのは、自然体。楽しいから登りたいという単純な好奇心が原動力だと思う。

果たして僕は、痛い右膝で足を引きずりながら歩いている今の状態から、10キロを1時間で走ることができるようになるのだろうか。自ら望んで過酷な環境（事前に日本での冬期雪山トレーニングだけでなく、６０００メートル峰、８０００メートル峰の経験ありが理想だとか）との闘いに挑むことを決意し、最終的に世界の頂上を目指すことができるだろうか。

２０２３年現在、ネパール政府はエベレスト登山の許可を出す対象を69歳までに制限している。僕は今年66歳、そろそろ正真正銘のタイムリミットが近づいて来ているのだ。

柳谷杞一郎

編集者・写真家。1957年広島生まれ。
修道学園中・高等部、慶応義塾大学卒業。
写真集に「RAPA NUI　イースター島、モアイの祈り」（エスクァイア・マガジン・ジャパン）、「X」（ぶんか社）
著書に「写真でわかる謎への旅・イースター島」、「写真でわかる謎への旅・マチュピチュ」、「星の辞典」、「進化するモチベーション戦略」（雷鳥社）、「大事なことはみんなリクルートから教わった」（ソフトバンク文庫）など

ワンダーズアドベンチャー

株式会社ワンダーズアドベンチャーは、「世界の絶景を通じて、一生の思い出をつくる」を理念とし、ヒマラヤを中心に８０００ｍ峰の登山隊、６０００ｍ峰のプライベート登山、トレッキングツアーのプロデュースを行う旅行会社。現地に精通したガイドが顧客の体力や要望に応じて最適な提案を行うプランニング力、登頂に向けてのトレーニングや渡航準備の手厚いサポート、中間マージンや販促費を抑えることによる高品質・低価格が特徴。
代表の中山岳史（38）は1年のうち3～4か月をヒマラヤで過ごし、エベレストやマナスルなどの８０００ｍの山を中心に登山隊の運営サポートを行なう傍ら、日本人が歩くことの少ないマイナールートの開拓や山岳写真の撮影を行なっている。２０１８年エベレスト登頂。
会社ホームページ：https://wonders-adventure.com
連絡先：０１２０-９０５-６３４
（中山直通：０５０-５４３８-２２５１）

65歳からのエベレスト街道トレッキング

カラタパール、ゴーキョリ、チュクンリ、
5000メートル超えの三山踏破に挑む。
登山初級者のわくわく、よれよれ日記

2023年7月20日　初版第1刷発行

文・写真　柳谷杞一郎
デザイン　三上祥子（Vaa）
編集　谷口香織
協力　伊藤雪乃
写真提供　中山岳史（P.84、85、125、255）
印刷・製本　シナノ印刷株式会社
発行者　安在美佐緒
発行所　雷鳥社
〒167-0043　東京都杉並区上荻2-4-12
TEL　03-5303-9766
FAX　03-5303-9567
URL　http://www.raichosha.co.jp
E-MAIL　info@raichosha.co.jp

ISBN 978-4-8441-3795-5 C0026